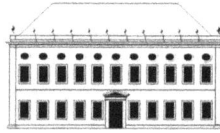

I0116961

D   O   C   U   M   E   N   T   O   S

I

IMPRENSA DA UNIVERSIDADE DE COIMBRA
COIMBRA UNIVERSITY PRESS

U

EDIÇÃO

Imprensa da Universidade de Coimbra
Email: imprensa@uc.pt
URL: http//www.uc.pt/imprensa_uc
Vendas online: http://livrariadaimprensa.uc.pt

COORDENAÇÃO EDITORIAL

Imprensa da Universidade de Coimbra

CONCEÇÃO GRÁFICA

António Barros

INFOGRAFIA

Mickael Silva

IMAGEM DA CAPA

Retrato de Calvet de Magalhães, 1945,
Arquivo Pessoal da Família. Cortesia Peter Calvet de Magalhães.

PRINT BY

CreateSpace

ISBN

978-989-26-0974-4

ISBN DIGITAL

978-989-26-0975-1

DOI

http://dx.doi.org/10.14195/978-989-26-0975-1

DEPÓSITO LEGAL

391237/15

A BIBLIOTECA PARTICULAR DE CALVET DE MAGALHÃES

Isabel Maria Freitas Valente

IMPRENSA DA UNIVERSIDADE DE COIMBRA
2015

SUMÁRIO

NOTA INTRODUTÓRIA

Na base desta publicação está um trabalho complementar às nossas provas de doutoramento. O interesse por uma figura charneira da diplomacia portuguesa - José Thomaz Cabral Calvet de Magalhães (1915-2004)[1]

---

[1] Licenciou-se em Ciências Jurídicas, em 1940, pela Faculdade de Direito de Lisboa. As suas lides académicas e o crescente interesse pela diplomacia, levaram Calvet de Magalhães ao Ministério dos Negócios Estrangeiros, onde foi aprovado através do concurso de admissão aos lugares de adido, em Janeiro de 1941. Em 1945, partiu para Nova Iorque enquanto Cônsul-Adjunto. No ano de 1946, desempenhou funções de Cônsul gerindo interinamente o Consulado de Boston e, nesse mesmo ano, torna-se Cônsul de Cantão. Em 1951, Calvet de Magalhães assumiu o secretariado da Embaixada de Paris, exercendo simultaneamente funções como Representante de Portugal no COCOM. Em 1952, torna-se membro da DELNATO, a Delegação da NATO em Paris. A partir de 1956, desempenhou, com o título de ministro plenipotenciário, o cargo de chefe da delegação em Paris, da Comissão Técnica de Cooperação Económica Externa e o de representante permanente junto da Organização Europeia da Cooperação Económica (OECE), mais tarde renomeada Organização para a Cooperação e Desenvolvimento Económico (OCDE), tendo sido presidente da delegação portuguesa durante a conferência que conduziu à reorganização OECE/OCDE, no âmbito do Acordo de Paris. Em 1959, chefiou a delegação portuguesa durante a Convenção em que se desenvolveram as negociações do Tratado de Estocolmo, que criou a European Free Trade Association (EFTA). No ano seguinte, Calvet de Magalhães foi designado, com o título de embaixador, representante junto das Comunidades Europeias, tendo em 1962 sido nomeado representante permanente e chefe da delegação portuguesa junto da Comunidade Económica Europeia (CEE) e da Agência Internacional de Energia Atómica (EURATOM). No ano de 1964, presidiu à delegação portuguesa nas negociações de Otava sobre os novos acordos dos limites de pesca entre Portugal e Canadá. No mesmo ano assumiu a Direcção-geral dos Negócios Económicos do Ministério dos Negócios Estrangeiros e, no ano seguinte, é nomeado delegado do Governo junto da SACOR. Nos anos que seguiram, o embaixador presidiu às delegações portuguesas nas negociações de Acordos de Comércio com a Rodésia (1965), com o Japão (1966), com o Brasil (1966) e com a República Popular da Roménia (1967). Em 1969, o embaixador Calvet de Magalhães torna-se administrador, por parte do Estado, da DIAMANG, Companhia de Diamantes de Angola. Ainda em 1969, presidiu às negociações do Acordo com a República da África do Sul para a construção da barragem de Cabora Bassa. No ano seguinte, presidiu às negociações para um acordo de cooperação económica e de comércio com a Espanha. Foi em 1971 que o embaixador Calvet de Magalhães assumiu as competências da Secretaria-Geral do Ministério dos Negócios Estrangeiros e que negociou o Acordo com os Estados Unidos relativo à utilização das base das Lages. Em 1974,

- que, no dizer de Maria Fernanda Rollo, foi "um pioneiro da chamada diplomacia económica e um dos grandes protagonistas na aproximação de Portugal à Europa, [ainda durante o Estado Novo], enquanto participante activo em negociações que envolveram diversos organismos europeus"[2], impulsionou-nos a elaborar um roteiro de pesquisa que passava, não só, por uma análise de natureza histórico-cultural, mas também por uma mais ampla pesquisa interdisciplinar, abarcando as diversas vias das ciências humanas e sociais.

Tentou-se, assim, lograr um retrato o mais completo possível de Calvet de Magalhães, do seu modo de ser ao longo do tempo, sem esquecer a acção empenhada da sua relação concreta e vital com o seu país. Por isso, tornou-se necessário compreender o perfil da formação intelectual, política e social do Embaixador Calvet de Maglhães.

Para traçar o quadro geral do ideário de Calvet de Magalhães, importou-nos analisar, ainda que de forma sucinta, a sua biblioteca particular. Tratou-se de uma breve investigação sobre o perfil da formação intelectual e política do diplomata em questão, tomando por base a relação que tinha com os livros que possuía. Procurou-se, ainda, perceber se essa biblioteca foi determinante nas suas opções filosóficas, políticas e culturais. Ou seja, tentou-se, desta forma, tornar mais perceptível alguns aspectos relacionados com a vida e a obra de Calvet de Magalhães, como eventuais coincidências entre as suas preferências estéticas; a variedade temática dos seus interesses pessoais; os traços do seu pensamento e das suas acções, através de marcas visíveis de leitura. Pareceu-nos, pois, interessante lançar um olhar sobre as ideias e os autores dos quais se aproximou.

---

desempenhou as funções de Embaixador junto da Santa Sé, tendo presidido às negociações para a Revisão da Concordata com a Santa Sé, em 1975. No ano de 1980, o Embaixador Calvet de Magalhães terminou o serviço externo no Ministério dos Negócios Estrangeiros, vindo a exercer a função de consultor no Instituto Nacional de Administração (INA). Terminado o serviço externo, voltou às negociações do Novo Acordo com os Estados Unidos sobre a base das Lages, em 1983. O embaixador Calvet de Magalhães regressou à vida académica como Professor Associado da Universidade Autónoma de Lisboa, em 1995, e como Professor Convidado da Universidade Nova de Lisboa, em 2000. Em 1985, assumiu a presidência do Instituto de Estudos Estratégicos e Internacionais, onde se dedicou principalmente à análise das temáticas da integração europeia e das relações transatlânticas.

[2] Cf. Maria Fernanda Rollo, "José Calvet de Magalhães e a construção europeia", *Relações Internacionais,* n.º 8, Lisboa, IPRI, 2005, p. 121.

Neste sentido, a abordagem escolhida não privilegiou uma ou outra temática específica nem concedeu destaque a algumas obras, em particular, mas procurou enumerar os núcleos temáticos existentes na biblioteca e indagar da possibilidade em estabelecer ligações com diferentes fases da sua vida pessoal e diplomática e com algumas linhas mestras do seu pensamento.

A BIBLIOTECA PARTICULAR DE CALVET DE MAGALHÃES

Toda a biblioteca dissimula uma concepção de cultura, de saber e da
memória, bem como da função que lhe cabe na sociedade do seu tempo.

Christian Jacob

A biblioteca particular constitui, não raras vezes, um testemunho privilegiado das preferências e necessidades de informação/conhecimento do proprietário em diferentes momentos da vida e, nesse sentido, reflecte etapas do seu percurso pessoal e profissional.

É um facto que a análise de uma biblioteca particular permite-nos esboçar um perfil da formação intelectual, política, cívica e ética do seu proprietário.

É conveniente recordar que a história do livro e das bibliotecas tem-se desenvolvido muito na Europa, em particular em França.

Neste quadro não deixa de ser importante realçar que esta abordagem ao objecto livro se integra na renovação historiográfica que ocorre no século XX. Historiadores como Lucien Febvre e Henri-Jean Martin abrem caminho a leituras pluri e interdisciplinares do livro. Nesta perspectiva, estes e outros investigadores (Roger Chartier, Robert Darnton, Daniel Roche, Carl Schorske) abandonam uma análise excessivamente erudita em prol de perspectivas no campo da história sócio-cultural.[3]

---

[3] Roger Chartier; Daniel Roche, «Le livre: un changement de perspective» in Jacques le Goff; Pierre Nora (dir.), *Faire de l'Histoire: nouveaux objets,* Paris, Gallimard, 1974, pp. 115-136. Para uma melhor compreensão dos temas bibliotecas, livros, leitura e leituras poder-se-ão consultar, entre muitos outros, os seguintes textos: R. C. Alston, *The Arrangement of books in the Brristish Museum Library, 1843-1973,* Cambridge, Londres, 1986; Carla Bassanezi

De facto, a historiografia, a partir de meados do século XX, começa a tratar o livro como objecto histórico, como fonte produtora de análises sobre as sociabilidades intelectuais, a marginalidade, a história da leitura confrontada com a história do livro, as edições, etc.

Ora, como escreveu Christian Jacob no prefácio à obra *O poder das bibliotecas: a memória dos livros no ocidente,* "a história das bibliotecas no Ocidente é indissociável da história da cultura e do pensamento, não só como lugar de memória no qual se depositam os estratos das inscrições deixadas pelas gerações passadas, mas também como espaço dialéctico no qual, a cada etapa dessa história, se negociam os limites e as funções da tradição, as fronteiras do dizível, do legível e do pensável, a continuidade das genealogias e das escolas, a natureza cumulativa dos campos de saber ou suas facturas internas e suas reconstruções."[4]

Pode acrescentar-se que uma biblioteca é mais que um lugar, uma instituição. Ou seja, não se restringe ao sentido grego de "depósito de livros". Como exemplo para ilustrar claramente esta afirmação pode-se relembrar, entre outros, o pensamento de Christian Jacob. Na verdade, segundo este historiador, uma biblioteca é o palco de uma alquimia intrincada onde através da leitura e da escrita e, muito em particular, da sua interacção, se revelam os movimentos do pensamento e a imaginação criadora. Assim, a biblioteca torna-se lugar de diálogo com o passado, de interpelação do presente, de idealização do futuro, de criação e inovação. O que faz da biblioteca um permanente ponto de

Pinsky (org.), *Fontes Históricas,* São Paulo, Editora Contexto, 2005; Lucien Febvre, Henri-Jean Martin, *O aparecimento do livro,* trad. de Fúlvia Moretto, São Paulo, Editora da Universidade Estadual Paulista/Hucitec, 1992; Márcia Abreu (org.), *Leitura, História da Leitura,* São Paulo, Mercado das Letras, 1999; Robert Darnton, "História da Leitura" in *A escrita da História: novas perspectivas,* coord. de Peter Burke, São Paulo, Editora da Unesp, 1992; André Belo, *História, Livro e Leitura,* Belo Horizonte, Autêntica, 2002; Roger Chartier, *Práticas de leitura,* São Paulo, Estação Liberdade, 2001; Roger Chartier, *A história cultural: entre práticas e representações,* trad. de Maria Manuela Galhardo, Lisboa, Difel, 1990; Fabiana de Oliveira Bezerra, Alzira Karla Araújo da Silva, "A biblioteca particular e sua função social: um espaço de (in)formação de leitores" in *Biblionline,* João Pessoa, v. 4, n.1/2, 2008, pp. 1-20.

[4] Cf. Marc Baratin; Christian Jacob (dir.), *O poder das bibliotecas: a memória dos livros no ocidente,* 3ª ed., Rio de Janeiro, Editora UFRJ, 2008, p.11.

encontro entre o passado e o futuro, ou melhor, encontro entre a 'recordação' e a 'esperança'.

Na verdade, se a biblioteca é um espaço onde se pretende que coexistam todos os vestígios do pensamento humano, apesar de restrições de vária ordem. A saber: técnicas, ergonómicas, de conservação, catalogação, classificação, entre outras. Ela é também um desígnio intelectual, um projecto, "um conceito imaterial que dá sentido e profundidade às práticas de leitura, de escrita e de interpretação".

Neste contexto, a biblioteca não se restringe ao edifício arquitectónico, nem mesmo à mera inventariação de livros. Ora, a dimensão de depósito / conservação de uma biblioteca só terá sentido como alicerce e motor do saber e do conhecimento. A biblioteca é também, no dizer de David Mckitterick e de Salvatore Settis, "arquitectura do saber".

Deve acentuar-se, porém, que a construção de uma biblioteca resulta de escolhas intelectuais e de uma busca incessante dos princípios da classificação ideal, capaz de harmonizar na perfeição a divisão dos saberes com a arrumação física das obras. O mesmo é dizer, a biblioteca ergue-se a partir do conflito permanente entre utopia e as razões de classificação.

Neste sentido, afirma Christian Jacob: "toda a biblioteca dissimula uma concepção implícita de cultura, do saber e da memória, bem como da função que lhes cabe na sociedade de seu tempo."[5]

A propósito, esta construção singular de uma memória[6] não deixa de se negar como memória, dado que se constrói também como

---

[5] Idem, *ibidem* pp.12-17.

[6] Para um melhor esclarecimento das ideias gerais e do conceito de memória, contidos de forma implícita, neste capítulo, poder-se-á consultar, entre muitas outras, as seguintes obras: Fernando Catroga, "Cientismo e historicismo" in AA.VV., *Seminário sobre o positivismo*, Évora, Universidade de Évora, 1998, "A história começou a Oriente" in AA.VV., *O Orientalismo em Portugal*, Lisboa, CNCDP, 1999, *O Céu da memória. Cemitério romântico e culto cívico dos mortos*, Coimbra, Minerva, 1999, *Memória, história e historiografia*, Coimbra, Quarteto, 2001, *Os passos do homem como restolho do tempo. Memória e fim da História*, Coimbra, Almedina, 2009; Durval Muniz Albuquerque Júnior, *A arte de inventar o passado*, Bauru, EDUSC, 2007; Joël Candau, *Anthropologie de la mémoire*, Paris, PUF, 1996; Márcio Seligmann-Silva, "Reflexões sobre a memória, a história e o esquecimento" in Márcio Seligmann-Silva (org.), *História, memória, literatura*, Campinas, Editora Unicamp, 2003; Ângela de Castro Gomes (org.), *Escrita de si. Escrita da História*, Rio de Janeiro, Editora FGV, 2004; Isabel Maria Freitas Valente, "Memória, História e Comemorações – alguns aspectos contextualizadores" in *História e multidisciplinaridade: territórios e*

lugar de esquecimento de autores, de épocas, de correntes de pensamento, de temáticas.

Expostos estes conceitos, meramente enunciados, importa analisar a biblioteca particular do Embaixador José Thomaz Calvet de Magalhães. Num quadro, em que se tecem perspectivas diferentes e múltiplas estratégias de abordagem, muitas questões de ordem sistémica se levantam. Que livros possuía? O que lia Calvet de Magalhães? Qual a sua relação com os livros? Quais as suas preferências intelectuais? Qual o seu universo intelectual?

Através deste estudo feito com base na análise da biblioteca particular de Calvet de Magalhães, procurar-se-á, desde logo, justifica o interesse do tema proposto para tornar mais perceptíveis diversos aspectos relacionados com a vida e obra do diplomata, do historiador, do intelectual – Calvet de Magalhães – como eventuais coincidências entre a suas preferências estéticas, filosóficas, éticas e os padrões culturais da época. De igual forma, pretende-se averiguar dos seus interesses pessoais, dos vestígios do seu pensamento, muito em concreto, do seu entendimento sobre a Europa, das suas opiniões através das marcas visíveis de leitura inscritas nos livros.

A biblioteca particular de Calvet de Magalhães (BpCM)[7] – que fotografámos, digitalizámos e catalogámos – foi doada, por vontade expressa do próprio, ao Instituto de Estudos Estratégicos Internacionais (IEEI), em Lisboa. Como se sabe, Calvet de Magalhães foi um dos fundadores do IEEI em 1980. O IEEI constituia-se, então, como uma organização independente e não-lucrativa, dedicada à investigação e promoção do debate sobre questões internacionais nas suas várias dimensões – política, militar, económica, social, cultural e da informação. Com o encerramento do referido Instituto, a BpCM passou a integrar o fundo da Biblioteca Geral da Universidade de Coimbra que é, nas palavras

---

deslocamentos: anais do XXIV Simpósio Nacional de História/XXIV Simpósio Nacional de História; Associação Nacional de História – ANPUH –, org. por Elisabete Leal, São Leopoldo: Unisinos, 2007.

[7] Trata-se de uma biblioteca familiar onde se podem encontrar livros pertencentes à mulher e ao filho, todos eles perfeitamente identificados.

do seu actual Director, "a maior e a mais rica biblioteca universitária de todo o mundo lusófono".

Calvet de Magalhães após a sua vida activa, enquanto diplomata, assumiu, em 1985, a presidência do IEEI. Fomentou um percurso profícuo como ensaísta, biógrafo, articulista e professor sempre dedicado à análise e reflexão atentas das temáticas internacionais e muito concretamente dos assuntos europeus.

Cosmopolita, viajante e de acentuado gosto estético, Calvet de Magalhães foi verdadeiramente um homem de cultura e da cultura do seu tempo. Atento ao mundo em que vivia, às transformações da ordem internacional, tinha diversos interesses que iam para além dos profissionais. Os livros foram amigos sempre presentes ao longo da sua vida, ainda que não tenha lido todos os que lhe pertenciam e que tenha lido muitos outros que nunca adquiriu.

A biblioteca de Calvet de Magalhães é composta por livros, revistas, jornais e recortes de imprensa. Ignoramos as condições de aquisição e de conservação do acervo reunido. Sabemos, no entanto, que razões de índole profissional e de produção intelectual justificaram a compra de mais de 50% das obras existentes na colecção. Neste núcleo compreendem-se os títulos de história, economia, diplomacia, ciência política, direito, relações internacionais, etc. Edições vulgares, simples e de bolso, estas obras constituíram uma ferramenta de trabalho indispensável para o diplomata, o professor universitário, o escritor, o intelectual.

Ora, dada a frequência de colocações de Calvet de Magalhães em diferentes embaixadas pelo mundo, é provável que muitos desses livros tivessem sido adquiridos em longínquas paragens e que o acompanhassem nesses destacamentos sucessivos. Assim sendo, teremos que admitir que a vida da biblioteca de Calvet Magalhães gravitasse em torno do conceito da biblioteca móvel que suportava a sua própria actividade profissional enquanto diplomata. Outros tantos foram adquiridos por heranças e em segunda mão, como comprovam as notas de compra encontradas no interior dos mesmos, os autógrafos e as dedicatórias neles escritas.

A biblioteca é constituída por 1281 títulos, estando nela representadas 8 línguas (português, inglês, francês, castelhano, árabe, latim) e abrange 7 classes de conhecimento (sistema decimal de classificação).

Tabela 1 – Sistema Decimal de Classificação

Classe 0	Generalidades. Informação. Organização
Classe 1	Filosofia. Psicologia.
Classe 2	Religião. Teologia
Classe 3	Ciências Sociais. Economia. Direito. Política. Assistência Social. Educação.
Classe 4	Vaga
Classe 5	Matemática e Ciências Naturais.
Classe 6	Ciências Aplicadas. Medicina. Tecnologia.
Classe 7	Arte. Belas-artes. Recreação. Diversões. Desportos.
Classe 8	Linguagem. Linguística. Literatura.
Classe 9	Geografia. Biografia. História.

Gráficos 1 e 2 – Classes de Conhecimento presentes na BpCM

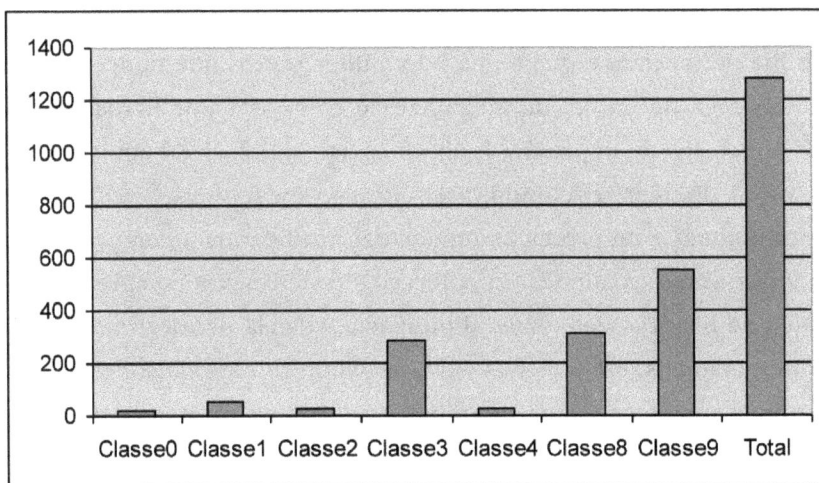

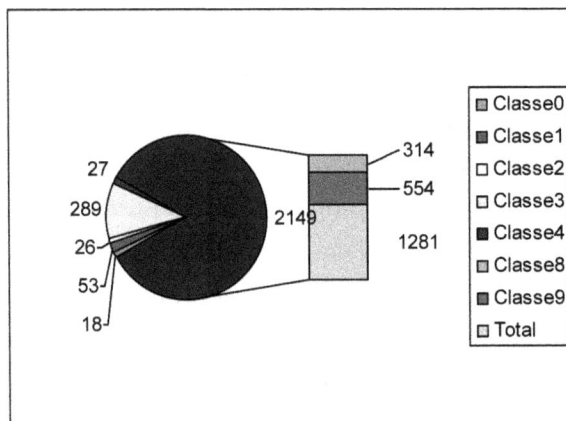

16

A BpCM traduz o universo de um leitor, de um pensador e autor português cujas inquietações pessoais e profissionais se entrecruzam. Revela, ainda, a importância que a cultura anglo-saxónica e a admiração que nutria pelos Estados Unidos da América desempenhou, não só na sua formação académica e profissional, como também enquanto homem de cultura e pensador do projecto europeu e actor principal da integração europeia portuguesa. Justifica-se a afirmação anterior não só pelos 288 livros em língua inglesa, na sua maioria de autores norte-americanos, como também pelas inúmeras traduções de obras de pensadores de cultura anglo-saxónica.

Gráfico 3 – Línguas presentes na BpCM

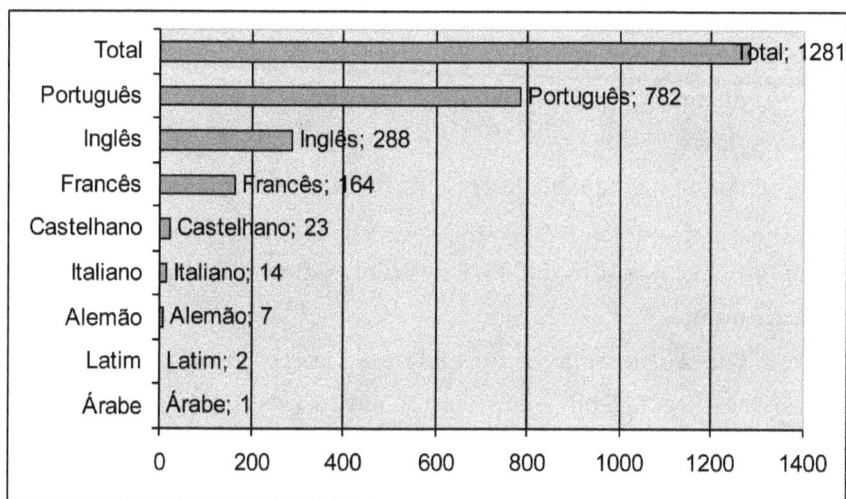

Interessa referir que o estudo da BpCM reforça a ideia de recusa do nacionalismo ideológico[8], que foi, a seu ver, causa da "terrível tragédia" europeia e mundial. Ao nacionalismo contrapõe o patriotismo de

---

[8] O seu internacionalismo e a sua crítica do nacionalismo são, aliás, componentes essenciais da sua eficácia como negociador, amplamente comprovada nos vários acordos que dirigiu com os Estados Unidos, com o objectivo de vencer o enorme défice político e económico que as caracteriza, primeiro, por desconfiança dos governos do antigo regime, depois por incapacidade do novo regime democrático em tirar partido da locomotiva da economia mundial que foram no século passado os Estados Unidos. Trata-se, hoje ainda, de resolver a dilemática contradição entre a afirmação do atlantismo por parte das elites portuguesas e a redução quase absoluta dessas relações à cedência da base das Lages.

espírito aberto ao entendimento entre os povos, na procura constante da compreensão da alteridade. É enorme a sua admiração por todas as nações em que viveu e trabalhou, quer os Estados Unidos, a França ou a Itália. A sua biblioteca disso nos dá testemunhos. É o caso da obra de Hannah Arendt amplamente representada na biblioteca em análise, de Thucydides, de Epitectetus, de Victor Hugo, de Júlio Castilho, de Lúcio Azevedo, de Jean Monnet, de Gilberto Freyre, de Raymond Aron, entre tantos outros exemplos.

Na verdade, para Calvet de Magalhães a noção de Pátria insere-se plenamente no postulado pessoano – "A minha Pátria é a língua portuguesa". Ou seja, para Calvet de Magalhães, a Pátria é uma entidade de ordem espiritual enquanto a nação é de ordem material.

Não é demais relembrar que Calvet de Magalhães é um homem de acção, de prática e, neste sentido, assumiu-se sempre como um homem da palavra.

Pela análise da sua biblioteca particular e também da sua vasta obra pode-se seguir a trama do seu pensamento e acção, que incessantemente faz a apologia da Paz como valor e a diplomacia como seu instrumento.

A seu ver a diplomacia defende os interesses do Estado e tem implicações directas em matérias de natureza ética e jurídica. Assim sendo, o diplomata deve constituir-se como agente intermediário e como factor de diálogo e negociação sempre em prol da Paz. A sua acção diplomática tornou-se subsidiária da filosofia kantiana e do pensamento liberal.

A importância deste traço intelectual e ideológico manifestou-se nas obras reunidas na sua biblioteca particular, que abrangem um largo espectro de autores, entre eles, Erasmo de Roterdão, Immanuel Kant, Andrade Corvo, Almeida Garrett, Eça de Queirós, Maria Cecília de Sousa Cameira e de temas relacionados com o humanismo e com o pensamento liberal.

Gráfico 4 – Classe 1 BpCM

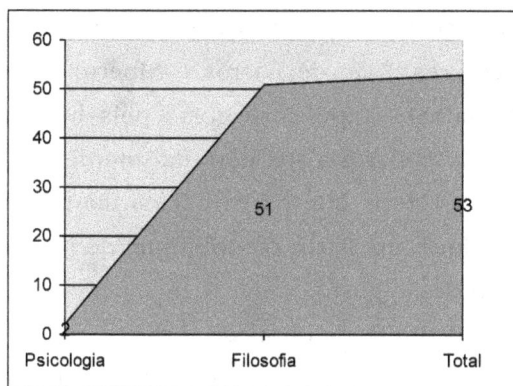

Também não pode deixar de nos interessar, na análise da BpCM, o debate surdo entre europeístas e isolacionistas que atravessou a diplomacia portuguesa desde o final da Segunda Guerra Mundial. O entusiasmo que Calvet de Magalhães manifestou desde muito cedo pela integração europeia justifica que não estranhemos que tenha sido ele, com o Embaixador Ruy Teixeira Guerra, um dos promotores da política dessa mesma integração. Como escreveu, o seu "ideal de unidade europeia era anterior à Segunda Guerra Mundial, ao Congresso da Haia e à criação das comunidades europeias. Estas surgiram para mim, como para os europeístas da minha geração, discípulos de Coudenhove-Kalergi, como meios ou processos para alcançar a almejada integração política europeia".[9] São inúmeros os autores portugueses e estrangeiros que na BpCM testemunham o seu constante interesse pelos estudos europeus, como por exemplo: Jean Monnet, José Gonçalo Côrrea de Oliveira, Freitas do Amaral, Francisco Lucas Pires, João Carlos Espada, António José Fernandes, Jean Louis Boureangs, Manuel Areias, Christian Feres, Bem Hall, Gralam Bishop, Vítor Martins, Gaëtan Perou, Herald Müller, Fernando Reino, Hélio Felgas, António Covas, Fausto de Quadros, Bacelar Gouveia, entre tantos outros.

---

[9] José Calvet de Magalhães, "Francisco Lucas Pires – um cidadão europeu", *O Mundo em Português*, n. 58, Abril/Maio 2005. Disponível on-line em http://www.ieei.pt/publicacoes/artigo. php?artigo=137 [Acesso em 7 de Agosto de 2011]. (artigo inédito publicado Post mortem).

A BpCM é um testemunho vivo da profunda influência que o Liceu Passos Manuel exerceu na formação intelectual e cívica de Calvet de Magalhães. Destaca-se desse período o papel que tiveram na sua formação dois professores, João de Barros e Alberto Reis Machado. Com eles Calvet de Magalhães adquiriu o gosto pela história e pela língua portuguesa, tendo descoberto a sua perfeita interdisciplinaridade. Neste horizonte, é preciso referir que os contactos mantidos com a Société d'Histoire Diplomatique, em Paris, contribuíram de forma categórica para a consubstanciação desse gosto.

Na verdade, os 501 títulos de obras de História e os 314 de Literatura e Língua atestam isso mesmo. Grande parte desses títulos e desses autores são portugueses. É o caso de Camões, Padre António Vieira, Luís António Verney, Almeida Garrett, Camilo Castelo Branco, Ramalho Ortigão, Machado de Assis, Júlio Dinis, Antero de Quental, Eça de Queirós, Oliveira Martins, Aquilino Ribeiro, Alberto Veiga Simões, Damião Peres, Florbela Espanca, Eurico Veríssimo, Virgínia Rau, Guilherme Castilho, Luís Albuquerque, António José Saraiva, Fernando Namora, Teixeira da Mota, Agustina Bessa Luís, Alexandre O'Neil, Joaquim Veríssimo Serrão, Victor Sá, Domingos Oliveira Silva, Fernando Rosas, António José Telo, António Vasconcelos de Saldanha, Maria Fernanda Rollo, entre outros.

Tabela 2 – Principais áreas temáticas na BpCM

Biografia – 50	História – 501
C.S.H. – 4	Língua – 13
Ciência Política – 14	Literatura – 301
Diplomacia – 55	Política – 42
Direito – 32	Psicologia – 2
Economia – 55	R.I. – 76
Estudos Bíblicos – 2	Religião – 3
Filosofia – 51	Sociologia – 3
Geografia – 3	Teologia – 1
Gestão – 4	

Esta leitura assegura-nos que a História é determinante na sua acção enquanto diplomata, mesma na diplomacia económica em que Calvet é pioneiro. Segundo ele, "os diplomatas são os grandes mensageiros da

Paz. (...) Um Estado não pode viver isolado, tem que viver na comunidade internacional, e isso implica relações com outros Estados. (...) Isto implica acomodar os interesses de um país com os interesses dos outros. Porque, muitas vezes, os interesses não são coincidentes – às vezes são, mas na maioria dos casos não são. É por isso que a diplomacia, para mim, implica, muitas vezes, sempre negociação. Seja ela concebida num sentido amplo – que são os contactos permanentes -, seja no sentido mais formal, de visar obter um acordo escrito."[10]

Por isso, o diplomata é um indivíduo que tem de estar preparado para conseguir obter consensos, para encontrar soluções de compromisso, o que implica, muitas vezes, cedências. Esta era a concepção de diplomacia de Calvet de Magalhães, inspirada em Callières[11] – *o diplomata tem de ter habilidade para encontrar soluções de compromisso.*[12] O mesmo é dizer que o diplomata tem que ser possuidor de um espírito claro e esclarecido para conseguir traçar a melhor estratégia de negociação depois de uma árdua recolha e sistematização da informação. Assim, a observação atenta e a análise crítica pressupunham, todavia, um conhecimento do contexto histórico e político dos acontecimentos, dos factos, dos movimentos políticos, sociais, culturais. Neste sentido, que melhores instrumentos que a História e a Literatura?

---

[10] Leia-se Álvaro de Vasconcelos, *Conservas com Calvet de Magalhães. Europeístas e Isolacionistas na Política externa portuguesa,* Lisboa, Bizâncio, 2005, pp.134-136.

[11] François Callières nasceu a 14 de Maio de 1645, em Thorigny e morreu, em Paris, a 4 de Março de 1717. Diplomata e Homem das Letras francês escreveu *De la Manière de Négocier avec les Souverains, de l'utilité des Négociations, du choix des Ambassadeurs et des Envoyez et des qualités nécessaires pour réussir dans ces emplois,* obra de referência na diplomacia. Este livro é um clássico da Negociação Internacional que rapidamente, ultrapassou as fronteiras da diplomacia tendo-se constituído, também, como marco fundamental na área da Gestão. Sobre este diplomata é importante a leitura dos seguintes textos: Alain Lempereur, *François de Callières, De la manière de négocier avec les souverains,* Droz, Paris, 2002. Édition critique du texte intégral, précédée d'une introduction originale; Jean--Claude Waquet, *François de Callières, L'art de négocier en France sous Louis XIV,* Éditions Rue d'Ulm, 2005. Contient en annexe le texte intégral de *De la manière de négocier avec les souverains;* "Letters (1694-1700) of François de Callières to the Marquise d'Huxelles", ed. Laurence Pope, Edwin Mellen Press, Lewiston, New York, 2004. Avec une introduction de l'éditeur et une préface de William S. Brooks.

[12] Cf. François de Callières, *De la Manière de Négocier avec les Souverains, de l'utilité des Négociations, du choix des Ambassadeurs et des Envoyez et des qualités nécessaires pour réussir dans ces emplois,* Bruxel, Pour la Compagnie, 1716, pp. 151-152.

Esta chamada de atenção para a importância da história e da literatura tem por objectivo demonstrar a estreita relação entre Calvet – diplomata, Calvet – historiador, Calvet – pensador, Calvet – escritor.

De realçar que, como matriz subjacente a todas estas facetas, está um compromisso com a responsabilidade, com a exigência ética do bem fazer, com a vontade de verdade na transmissão do conhecimento. Conjuntamente com essa exigência de verdade, que sempre pautou a vida de Calvet de Magalhães, os valores do humanismo também estiveram sempre presentes. Não será esta matriz a alma da História?

Gráfico 5 – Classe 9 BpCM

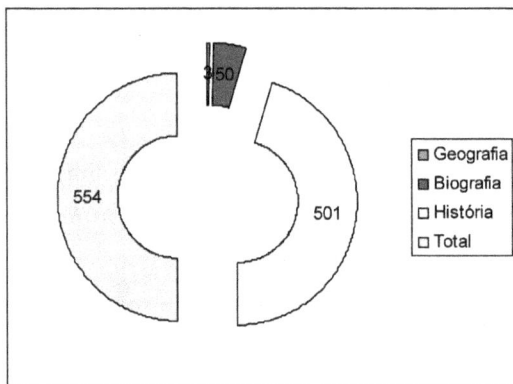

Gráfico 6 – Classe 8 BpCM

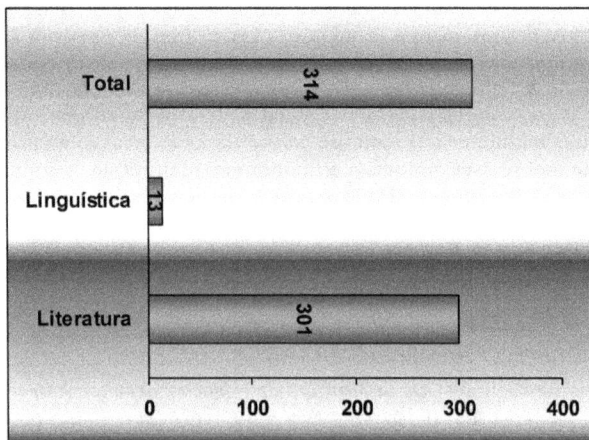

É conveniente informar que as Relações Internacionais integram uma parte significativa do fundo que compõe a classe 3, com obras como: *Dictionary of International Relations; Approch to Comparative and International Politics; Les Relations Internationales.* Outra parte importante nesta classe está directamente ligada com a Diplomacia. São vários os títulos sobre os diferentes aspectos da diplomacia, como *História Diplomática de Portugal; Sinopse Cronológica da História Diplomática Portuguesa; Guia para a vida diplomática; Regras do cerimonial português; Concorde Diplomacy. The Ambassador's role in the World Today.*

Gráfico 7 – Classe 3 BpCM

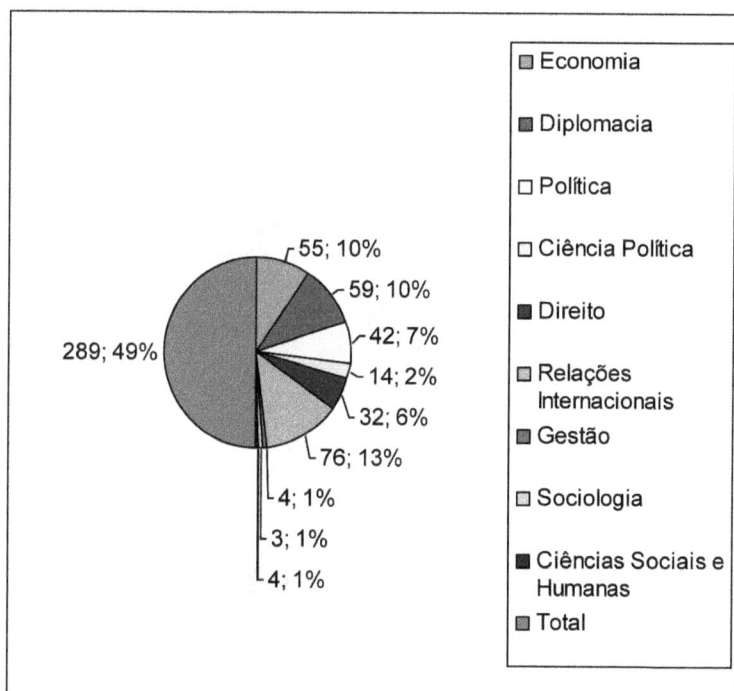

Outro núcleo que se reveste de especial destaque no contexto do estudo da colecção de livros de Calvet de Magalhães é o que é constituído por obras antigas sobre Judaísmo, a História de Israel e os judeus em Portugal. Entre eles contam-se: *Historia dos Christãos Novos portugueses; Episódios Dramáticos da Inquisição Portuguesa* (em 3 volumes);

*Os judaizantes nas capitanias de cima; Les banquiers juifs et la Saint-
-Siège du XIII au XVIII siécle; Inquisição e Cristãos-Novos; Christãos Novos
e Christãos Velhos em Portugal; Les Juifs et la Vie Economique; Consolaçam
às Tribulaçoens de Israel.*

Encontra-se, ainda, um conjunto de obras das quais constam os
elogios, as evocações/homenagem, as recepções académicas que agru-
pamos na classe 4 – classe Vaga, pois entendemos que a classificação
decimal universal não contempla uma secção específica onde as pos-
samos inserir com propriedade. Estes espécimes bibliográficos são,
na sua maioria, editados pela Academia Portuguesa de História e pela
Sociedade Histórica da Independência. Calvet de Magalhães era sócio
de número da Academia Portuguesa de História e sócio da Sociedade
Histórica da Independência.

Gráfico 8 – Classe 4 BpCM

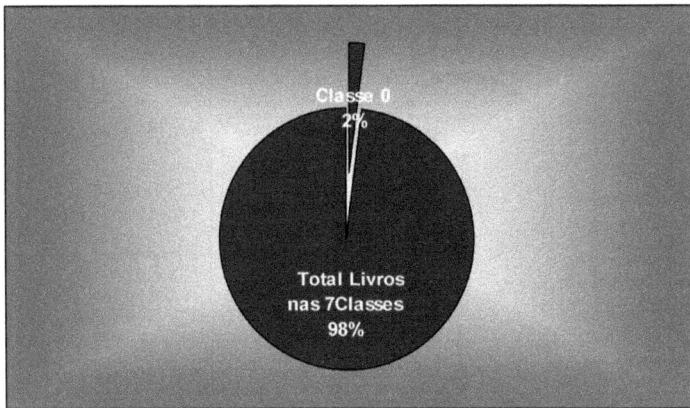

A existência de um pequeno grupo de obras sobre Religião e Teologia
mostra até que ponto Calvet de Magalhães conservou ao longo da sua
vida as raízes cristãs da sua educação.

Gráfico 9 – Classe 2 BpCM

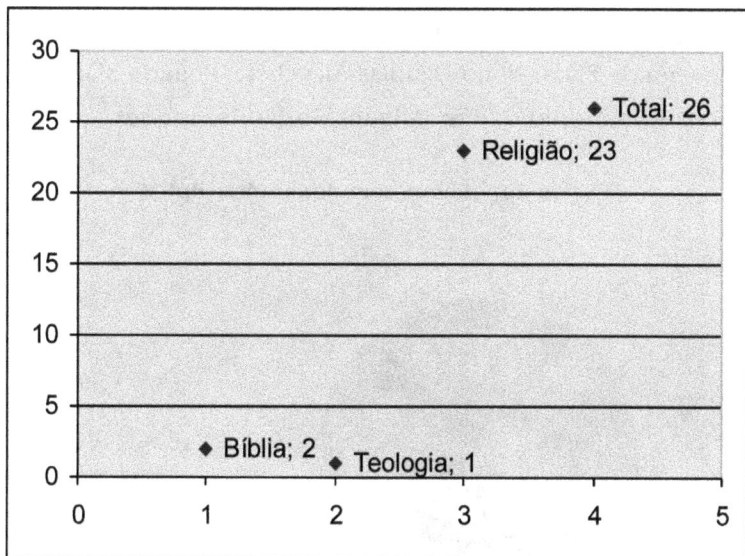

O espólio de Calvet de Magalhães inclui não só a sua biblioteca como alguns manuscritos, cartas, fotografias e livros autografados. Mas avultam também objectos pessoais que guardam a memória de encontros e de relações pessoais mantidas com outros autores. Um número expressivo de livros com dedicatória, mais precisamente 193, reflecte a amizade, a estima, a consideração, o respeito e admiração de intelectuais, historiadores, escritores, políticos, por Calvet de Magalhães. Entre eles refiram-se: Joaquim José Rodrigues de Britto, Domingos de Araújo Affonso, Gomes da Costa, Moses Bensabat Amzalak, Falcone Lucifero, Vitorino Nemésio, Luiz Maria da Câmara Pina, Lourival Nobre de Almeida, Marcello Caetano, Eduardo Brazão, Vírginia Rau, Almerindo Lessa, José Garcia Domingues, Armando Martins Janeira, António Alberto Banha Andrade, Kaúlza de Arriaga, Fernando Namora, Teixeira da Mota, Costa Leal, Fernando Aguiar--Branco, Soares Martínez, Dário de Castro Alves, Carlos Macieira Ary dos Santos, Fernando Reino, Joaquim Carreira, Almirante Fuzeta da Ponte, Henrique Martins de Carvalho, João Medina, Diogo Freitas do Amaral, Kenneth Maxwell, Fernando de Castro Brandão, Catarina de Albuquerque, Francisco Lucas Pires, Vítor Martins, António José Telo, José Pedro

Castanheira, Valdemar Cruz, Afonso d'Oliveira Martins, Albano Nogueira, António Ricardo Alves, Carlos Luna, Isabel de Faria e Albuquerque, Joaquim Ramos Silva, José Duarte Amaral, Manuel Oliveira de Castro Brandão, Miguel Figueira de Faria, Nuno Daupias Alcochete, Rogério Martins, Manuel de Sá Machado, António Caeiro, Miguel Gorjão-Henriques, entre outros.

Gráfico 10 – Livros com dedicatória BpCM

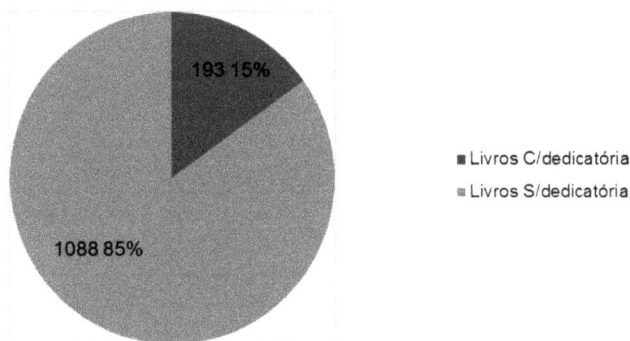

Integrados na BpCM existem ainda diversos dicionários, enciclopédias, catálogos, folhetos turísticos que integramos na classe 0, das Generalidades.

Gráfico 11 – Classe 0 BpCM

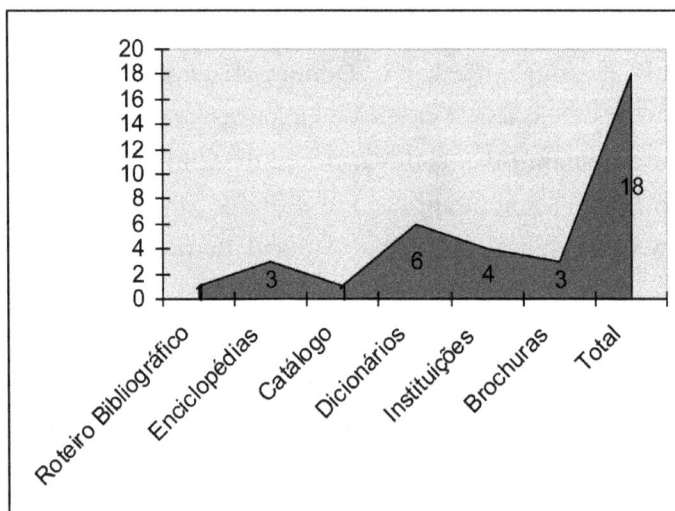

A BpCM não é fruto de um espírito coleccionador, mas sim o produto indirecto de uma vida de trabalho e da oferta de muitos amigos. Alguns dos exemplares que constam da BpCM foram oferecidos, como revelam as diversas dedicatórias. Calvet de Magalhães teve uma profunda e prolongada relação com os livros da sua biblioteca. Assim o comprovam muitos dos livros sublinhados e anotados que testemunham um forte e fecundo diálogo mantido ao longo da vida. Podemos afirmar que os livros e Calvet de Magalhães formavam uma união quase simbiótica.

Como escreve Tania Bessone Ferreira: "uma biblioteca não é simplesmente o somatório de livros. O facto de um indivíduo haver escolhido aquelas obras, entre tantas outras, de preservá-las em casa, guardá-las em móveis especialmente construídos, demonstra uma preferência, uma forma de atribuir determinado valor aos livros, não apenas por qualidades implícitas. Esta selecção, seja por escolha profissional, afectiva, ou mesmo por *status,* define uma razão que ajuda a fazer a diferença entre livros esparsos e espalhados e uma biblioteca, mesmo que pequena."[13]

Assim, os livros que compõem a BpCM constituem um manancial rico de informações e revelam-se um testemunho importante da formação do pensamento de um dos principais protagonistas da aproximação portuguesa aos movimentos de cooperação económica europeia do pós II Guerra Mundial e da articulação portuguesa com a Europa e com o Atlântico. Na verdade, a BpCM fixa o seu olhar, o seu pensamento, a sua análise do mundo, bem como regista algumas linhas de força que pautaram toda a sua vida. Como, por exemplo, a necessidade de uma acção constante, concreta e eficaz sempre ancorada na utopia que em Calvet de Magalhães se apresentava como fruto da História e da Filosofia, daí ser sempre realizável.

A esta luz, pode afirmar-se que a leitura das obras que integram a BpCM revela e perpetua o homem apaixonado pelo seu ideal, o homem de acção que foi Calvet de Magalhães.

---

[13] Cf. Tania Bessone Ferreira, *Livros e poder no Brasil Imperial: uma abordagem*, Rio de Janeiro, Anais da ANPUH, 2004, p.13.

Sublinhe-se, porém, que hoje, como ontem, qualquer biblioteca por mais importante ou valiosa que seja a sua composição, é sempre, como refere Ana Cristina Araújo, "um eterno monumento inacabado e um desafio ao poder e à inventividade do leitor"[14]. Dito de outro modo, uma biblioteca só se completa através do traço unificador da leitura e do leitor.

---

[14] Cf. Ana Cristina Araújo, "Livros de uma vida. Critérios e modalidades de constituição de uma livraria particular no século XVIII" in *Revista História das Ideias,* vol.20, Coimbra, FLUC, 1999, pp. 166-167.

CATÁLOGO DA BIBLIOTECA PARTICULAR DE CALVET DE MAGALHÃES

Temo o Homem de um só Livro

S. Tomás de Aquino

O livro é a extensão da memória e da imaginação

Jorge Luís Borges

Ordenar bibliotecas é exercer de um modo
silencioso a arte da crítica

Jorge Luís Borges

CATÁLOGO BPCM[1]

ABBAGNANO, Nicola - *História da Filosofia*. Lisboa: Editorial Presença, 1970. Vol. V.

ABBAGNANO, Nicola - *História da Filosofia*. 4.ª ed., Lisboa: Editorial Presença, 1992. Vol. VI.

ACADEMIA PORTUGUESA DA HISTÓRIA - *Missão de Homenagem Cultural, Cívica e Patriótica na Invicta Cidade do Porto*. Porto: Fundação Eng. António Almeida, 1992. ISBN 972-9194-45-9.

ACHESON, Dean - *Fragments of my Fleece*. 1ª ed., New York: 1971. ISBN 393 08644 5.

ACHESON, Dean - *Present at the Creation: My years in the State Department*. New York: W.W. Norton & Company, Inc., 1969. ISBN 393 07448 X.

Actas do Seminário Diplomático – "Revisão do Conceito Estratégico da Nato" de 26 de Março de 1999. Lisboa: ID / MNE, 1999. ISBN 972-97416-1-1.

Administração de Sebastião Joze de Carvalho e Mello, Conde de Oeiras, Marquez de Pombal, Secretario de Estado, e Primeiro Ministro de Sua Magestade Fidelíssima O Senhor D. Joze I Rei de Portugal, traduzido do francez por Luís Innocencio de Pontes Athaíde e Azevedo. Lisboa: Typ. Lusitana, 1841. Tomo I.

AFFONSO, Domingos de Araújo - *Pereira d'Eça*. Separata da Revista "Armas e Troféus". Braga, 1969. (Com dedicatória do autor).

AFFONSO, Domingos de Araújo - *Pereira D'Eça. O costado Eça de José Maria d'Eça de Queirós e de outros escritores seus agnados*, separata da Revista "Armas e Troféus", Braga, 1969, pp.5-36.

After Milosevic. A Pratical Agenda For Lasting Balkans Peace. Brussels: ICG, 2001.

AGUIAR-BRANCO, Fernando - *Eng. António de Almeida. Esboço biográfico*. Porto: Fundação Eng. António de Almeida, 1999. ISBN 972-8386-22-2. (Com dedicatória do autor).

ALBERTS, David; HAYES - *Command Arrangements for Peace Operation*. Washington, DC: National Defense University, 1995.

ALBUQUERQUE, Afonso - *Cartas para El-Rei D. Manuel I*. Lisboa: Livraria Sá da Costa, 1942.

ALBUQUERQUE, Catarina de - *La Guerre après la Guerre : Le Droit international et les limites à l'utilisation de mines antipersonnel*. Lisboa: Procuradoria-Geral da República, 1997. (Com dedicatória da autora).

ALBUQUERQUE, Isabel de Faria e - *Novos contributos para a correspondência de Eça de Queirós*. Coimbra: Biblioteca Geral da Universidade de Coimbra, 1992. (Com dedicatória da autora).

---

[1] O presente catálogo foi elaborado de acordo com a Norma Portuguesa 405.

ALBUQUERQUE, Luís - *As navegações e a sua projecção na Ciência e na Cultura*. 1ª ed. Lisboa: Gradiva, 1987.

ALCOCHETE, Nuno Daupias d' - "Jacques Ratton et la Survivance du Consultat Général de France à Lisbonne 1760-1761", in *Arquivos do Centro Cultural Português*. Paris, Fundação Calouste Gulbenkian – Centro Cultural Português, 1971, Vol. III, pp.695-715. (Com dedicatória do autor).

ALCOCHETE, Nuno Daupias d' - *Humanismo e Diplomacia: Correspondência literária (1789-1804) de Francisco José Maria de Brito com Dom Frei Manuel Cenáculo*. Paris: Fundação Calouste Gulbenkian/Centro Cultural Português, 1976.

ALCOCHETE, Nuno Daupias d' - *Lettres Familières de Jacques Ratton 1792-1807*. Lisboa: Livraria Bertrand, 1961. (dedicatória do autor).

ALCOCHETE, Nuno Daupias d' - *Lettres Familières de Jacques Ratton a António de Araújo Azevedo, Comte da Barca (1812-1817)*. Paris: Fundação Calouste Gulbenkian – Centro Cultural Português, 1973. (dedicatória do autor).

ALCOCHETE, Nuno Daupias d' - *O Arquivo Histórico do Hospital de S. José (Esboço de um inventário*. Separata do Boletim Clínico dos Hospitais Civis de Lisboa, vol.29, n.os 1/2, 1963, pp.321-366. (dedicatória do autor).

ALLEN, Frederick Lewis - *Only Yesterday: An Informal History of the Nineteen-Twenties*. New York: Bantam Books, 1946.

ALLENDE, Isabel – *Paula*. Lisboa: Difel, 1997. ISBN 972-29-034-X.

ALMEIDA, Américo Chaves - *O Problema da África Oriental Portuguesa. A Ruína de Moçambique*. Lisboa: Edição de autor, 1932.

ALMEIDA, Justino Mendes de, *et. al. 1498-1998. Gama, Camões, Vieira, Pessoa. A Gesta e os Poemas. A Profecia*. Caldas da Rainha: Livraria Nova Galáxia, 1999. ISBN 972-98204--0-6.

ALMEIDA, Lourival Nobre de - *A Comunidade Luso-Brasileira. Desafio a dois povos*. Rio de Janeiro: Edições Fundação Cultural do Amazonas, 1969. (Com dedicatória de uma prima).

ALMEIDA, Vieira de - *À Janela de Tormes*. Lisboa: Edição da Revista "Ocidente", 1945.

ALPHAND, Hervé - *L'étonnement d'être: Journal 1939-1973*. Paris: Fayard, 1977.

ALVES, Dário de Castro - *As relações Brasil Estados Unidos, Ontem e Hoje*. Fortaleza: Instituto Brasil – Estados Unidos no Ceará, 1993. (Com dedicatória do autor).

ALVES, Dário Moreira de Castro - *Era Lisboa e chovia*. Lisboa: Edições LBL, 1983.

ALVES, Dário Moreira de Castro - *Era Porto e entardecia*. Lisboa: Pandora, 1994. ISBN 972-8247-00-1.

ALVES, Dário Moreira de Castro - *Era Tormes e amanhecia. Dicionário gastronómico cultural de Eça de Queirós*. Lisboa: Edições LBL, 1992. Vol. I. (Com dedicatória).

ALVES, Dário Moreira de Castro - *Luso-Brasilidades nos 50 anos*. S.l.: UFC, 1999.

ALVES, Ricardo António - *Eça e os Vencidos da Vida em Cascais. Estudo e Antologia*. Cascais: Câmara Municipal de Cascais, 1998. ISBN 972-63-7051-5.

ALVES, Ricardo António - *José Cunha Brocado na Corte de Luís XIV*. Cascais: Edição do Autor, 1999. (Com dedicatória do autor).

AMADO, Francisco França – *Interlúnio: Obras Poéticas de Eugénio de Andrade*. Coimbra, 1911. Vol. II.

AMADO, Jorge - *Capitães de Areia*. 9ª ed., Mem Martins: Publicações Europa-América, 1992.

AMADOR, José Rios, de los - *Historia social, política y religiosa de los judíos de españa y Portugal*. Madrid: Aguilar, 1960.

AMARAL, Augusto Ferreira - *A Aclamação de Dom Manuel II*. Lisboa: Imprensa Nacional de Publicidade, 1966.

AMARAL, Diogo Freitas do - *Um voto a favor de Maastricht. Razões de uma atitude*. Lisboa: Editorial Inquérito, 1992. ISBN 972-670-172-4.

AMARAL, Diogo Freitas - *A Tentativa Falhada de um Acordo Portugal EUA sobre o Futuro do Ultramar Português (1963)*. Coimbra: Coimbra Editora, 1994. ISBN 9789723206654. (Com dedicatória do autor).

AMARAL, Diogo Freitas - *Uma solução para Portugal*. 3.ª ed., Mem-Martins: Publicações Europa-América, 1985. (Com dedicatória do autor).

AMARAL, José Duarte - *O Desenvolvimento Económico do país e a Posição da Agricultura*. Lisboa: Centro de Estudos Politico-Sociais, 1958. (Com dedicatória do autor).

AMARAL, Vasco Botelho de - *Subtilezas, Máculas e Dificuldades da Língua Portuguesa*. Lisboa: Edição da Revista de Portugal, 1946.

AMZALAK, Moses Bensabat - D. *Álvaro Pais e o pensamento económico em Portugal na Idade Média*. Lisboa: Academia das Ciências de Lisboa, 1954. (Com dedicatória do autor).

AMZALAK, Moses Bensabat - *Do Estudo e da Evolução das Doutrinas Económicas em Portugal*. Lisboa: Oficina Gráfica do Museu Comercial, 1928.

AMZALAK, Moses Bensabat - *Frei João Sobrinho e as Doutrinas Económicas da Idade-Média*. Lisboa: e.a, 1945.

AMZALAK, Moses Bensabat - *História das Doutrinas Económicas em Portugal. D. Durando Pais e o seu comentário ao Tratado "Da Economia" atribuído a Aristóteles*. Lisboa: Academia das Ciências de Lisboa, 1955. (Com dedicatória autor).

AMZALAK, Moses Bensabat - *O Economista Duarte Gomez Solis*. Lisboa: [s.n.], 1922.

AMZALAK, Moses Bensabat - *O Economista Isaac de Pinto, o seu "Tratado da Circulação e do Crédito", e outros escritos económicos*. Lisboa: Editorial Império, 1960. (Com dedicatória do autor).

AMZALAK, Moses Bensabat - *O Tratado de Seguros de Pedro de Santarém*. Lisboa: [s.n.], 1958.

Anais do Cinquentenário da Restauração da Academia, II Série, vol. Comemorativo. Lisboa: Academia Portuguesa da História, 1987.

Anais, Lisboa: Academia Portuguesa da História, 1989. II Série, vol. 32, tomo I.

ANDERSEN, Hans Christian - *Danish Fairy Tales and Legendes*. London: Sands & Co, 1906.

ANDERSEN, Sophia de Mello (org.) - *O Primeiro Livro de Poesia*. 6.ª ed., Lisboa: Editorial Caminho, 1991. ISBN 972-21-0597-3.

ANDRADE, António Alberto Banha de - *Exemplo da influência de Herculano na Historiografia Regionalista. Os Estudos Históricos, Jurídicos e Económicos sobre o Município de Montemor-o-Novo, Coimbra, 1873-1875*. Lisboa: Academia Portuguesa da História, 1978. (Com dedicatória do autor).

ANDRADE, António Alberto Banha - *S. João de Deus, na sua Terra Natal. Do nascimento à actualidade*. Évora: Cadernos de História de Montemor-o-Novo, 1978. (Com dedicatória do autor).

ANDRADE, António Alberto - *Vernei e a Filosofia Portuguesa*. Braga: Livraria Cruz, 1946.

ANDRADE, Bernardino António Álvares de - *Plantas da Praça de Bissau e suas adjacentes: introdução e anotações históricas de Damião Peres*. Lisboa: Academia Portuguesa da História, 1990.

ANGLE, Paul M. (ed.) - *The Lincoln Reader*. New Brunswick: Rutgers University Press, 1947.

Annuaire stratégique et militaire 2002: Fondation pour la Recherche Stratégique. Paris: Odile Jacob, 2002. ISBN 2-7381-1185-8.

Annuario Diplomático e Consular Portuguez relativo aos annos de 1889 e 1890. Lisboa: Ministério dos Negócios Estrangeiros / Imprensa Nacional, 1891.

ANSOFF, H. Igor - *Corporate Strategy.* Middlesex: Penguim Books ltd, 1968.

ANSUR, Alfredo - *Apologia do Dr. Henrique Midosi.* Lisboa: Typ. De Christovão Augusto Rodrigues, 1902.

ANTUNES, João Lobo - *Memória de Nova Iorque e Outros Ensaios.* Lisboa: Gradiva, 2002. ISBN 978-972-662-868-2.

Anuário 1993 – 1997. Rio de Janeiro: Academia Brasileira de Letras, 1997.

Anuário Diplomático e Consular Português 1990. Lisboa: MNE, 1990.

Anuário Diplomático e Consular Português. Lisboa: MNE, 1981.

Anuário Diplomático e Consular Português. Lisboa: MNE, 1988.

Anuário Diplomático e Consular Português. Lisboa: MNE, 2004.

Anuário Diplomático e Consular Português. Referido a 31 de Março de 1973. Lisboa: MNE, 1979.

Archivo Heráldico- Genealógico contendo noticias Histórico-heráldicas, genealógicas e duas mil quatrocentas cinquenta e duas cartas de Brazão D'Armas, das famílias que em Portugal requereram e obtiveram e a explicação em um índice heráldico. Com um appendice de Cartas de Brazão passadas no Brasil depois do Acto da Independência do Império pelo Visconde de Sanches de Baeana. Lisboa: Typographia Universal de Thomaz Quintino Antunes, Impressor da Casa Real, 1872.

ARCINIEGAS - Germán, *Roma Secretíssima.* Salamanca: Anaya, 1972.

AREIAS, Manuel - *A Comunidade Económica Europeia e as Multinacionais.* Lisboa: APRI, 1981.

ARENDT, Hannah - *A condição Humana.* 10ª ed., Rio de Janeiro: Forense Universitária, 2001. ISBN 8521802552.

ARENDT, Hannah - *Between Past and Future.* London: Penguin Books, 1977. ISBN 0 14 00 4662 3.

ARENDT, Hannah - *Crises of Republic: Lying in Politics, Civil Disobedience on Violence: Thoughts on Politics and Revolution.* New York: A. Harvest Book. 1972. ISBN 0-15--623200-6.

ARENDT, Hannah - *The Origins of Totalitarianism.* New York: Harcourt Brace, 1973. ISBN 0-15-670153-7.

ARENDT, Hannah - *Verdade e Política: trad. Manuel Alberto.* Lisboa: Relógio D'Água, 1995.

ARISTÓTLES - *On Man in the Universe: Metaphysics: Parts of Animals. Ethics. Politics.* Poetics, with an introduction by Louise Ropes Loomis. New York: Walter J. Black. 1943.

ARON, Raymond – *Mémoires: 50 ans de réflexion politique.* Paris: Julliard, 1983. ISBN 2-260-00332-X.

ARON, Raymond - *Paix et Guerre entre les nations.* Paris: Calmann-Lévy, 1962.

ARONSON, Elliot - *The Social Animal.* San Francisco: W.H. Freeman and Company, 1972.

Arquivos do Centro Cultural Português. Paris: Fundação Calouste Gulbenkian, 1969. Vol.I.

ARRIAGA, Kaúlza de - *A conjuntura nacional e a minha posição perante o momento político português.* Lisboa: Editores Imprelivro, 1978. (Com dedicatória do autor).

ARRIAGA, Kaúlza - *A conjuntura nacional e a minha posição perante o momento político português*. Lisboa: Imprelivro, 1976. (Com dedicatória do autor).

ARRIAGA, Kaúlza - *A defesa nacional portuguesa nos últimos 40 anos e no futuro. Conferência proferida em Outubro de 1966, nas Comemorações do XL Aniversário da Revolução Nacional*. S.l.: s.e., s.d. (Com dedicatória autor).

ARRIAGA, Kaúlza - *Maastricht. Pior ainda que o 25 de Abril?*. S.l.: Edição do Autor, s.d.

Arte de ser pai: Cartas de Eça de Queiroz para os seus filhos: introdução, comentários e notas de Beatriz Berrini. Lisboa: São Paulo, Verbo, 1992. ISBN 972-22-1503-5.

Artesanato de Portugal: Rendas e bordados tradicionais. Estoril: Junta de Turismo da costa do Sol, 1959.

As polémicas de Camilo, recolha, prefácio e notas de Alexandre Cabral. Lisboa: Portugália Editora, s.d., (3 vols.).

ASHTON, T.S. - *La Révolution Industrielle 1760-1830: trad. par Frans Durif.* Paris: Plon, 1955.

ASSIS, Machado de - *Dom Casmuro*. Mem Martins: Publicações Europa-América, 1998.

ASSIS, Machado de – *Helena*. Mem Martins: Publicações Europa-América, 1991.

AUDEMARS, Pierre - *Slay me a Sinner*. New York: Dell Publishing Company, 1983. ISBN 0-440-18191-7.

Aufsätze Zur Portugiesischen Kulturgeschichte, 10. BAND, 1970. (Com dedicatória da Vírginia Rau).

AZEVEDO, Guilherme d' - *A Alma nova. Com prefácio de Tomás da Fonseca*. 2.ª ed. Coimbra: Imprensa da Universidade, 1923.

AZEVEDO, J. Lúcio - *A Evolução do Sebastianism.*, Lisboa: Livraria Clássica Editora, 1947.

AZEVEDO, J. Lúcio - *Épocas de Portugal Económico: Esboços de História*. Lisboa: Livraria Clássica Editora, 1929.

AZEVEDO, J. Lúcio - *História de António Vieira*. 2.ª ed., Lisboa: Livraria Clássica Editora, 1931. Tomo primeiro.

AZEVEDO, J. Lúcio - *História de António Vieira*. 2.ª ed., Lisboa: Livraria Clássica Editora, 1931. Tomo segundo.

AZEVEDO, J. Lúcio - *Historia dos Christãos Novos Portugueses*. Lisboa: Emprensa Nacional de Portugal, 1921.

AZEVEDO, J. Lúcio - *Novas Epanáforas: Estudos de História e Literatura*. Lisboa: Livraria Clássica Editora, 1932.

AZEVEDO, João Lúcio d' - *O Marquês de Pombal e a sua época*. Porto: Renascença portuguesa, 1922.

BAIÃO, António - *Episódios Dramáticos da Inquisição Portuguesa*. Lisboa: Seara Nova, 1938. Vol. III.

BAIÃO, António - *Episódios Dramáticos da Inquisição Portuguesa*. 2.ª ed., Lisboa: Seara Nova, 1953. Vol. II.

BALL, George W. - *The Past has another parttern: Memoirs*, New York: W.W. Norton & Company, Inc., 1983. ISBN 0-393-30142-7.

BALZAC, H. de - *Eugénie Grandet*. Paris: Classiques Garnier, 1955.

BALZAC, H. de - *La Femme de Trente Ans*. Paris: Classiques Garnier, 1963. ISBN 2351840224.

BALZAC, H. de - *Le Père Goriot, introduction et notes par Maurice Allem*. Paris: Éditions Garnier Frères, s.d.

BALZAC, H. de - *Splendeurs et Misères des Courtisanes*. Paris: Classiques Garnier, 1955.

BANISTER, Judith - *The English Silver Hall Marks*. London: W. Foulsham, 1956. ISBN 0572029993.

BAPTISTA, Joaquim - *Caminhos para uma Revolução*. Lisboa: Livraria Bertrand, 1975.

BARATA, Óscar Soares; ANDRADE, Vicente Pinto de; OLIVEIRA, José Aparício; FREIRE, António de Siqueira. *O Mundo Lusófono*. Lisboa: Sociedade de Geografia de Lisboa, 1994.

BARBER, Willian, J. - *A History of Economic Thought*. New York: Penguin Books Inc, 1967.

BARBOSA, Daniel - "A Função Social do lucro", Revista *Rumo*. Janeiro de 1961, pp. 3-25. (Com dedicatória autor).

BARBOSA, Daniel - *Novos Rumos da Política Económica*. S.l.: S.e. 1966. (Conferência integrada no ciclo "Celebrar o Passado, Construir o Futuro").

BARENTS - Jan, *Political Science in Western Europe: A Trend report*. London: Stevens, 1961.

BARETTI, José - *Portugal em 1760. Cartas Familiares (XV a XXXVIII), trad. Do italiano por Alberto Telles*. S.l.: Typ. Barata & Sanches, 1896.

BARRETO, António (org.) - *Marquês de Pombal: Catálogo Bibliográfico e Iconográfico*. Lisboa: Ministério da Cultura e Coordenação Científica / Biblioteca Nacional, 1982.

BARRETO, António; MÓNICA, Maria Filomena, (coord.) - *Dicionário de História de Portugal*. Porto: Livraria Figueirinhas, 2000. ISBN 972-661-160-1.

BARROS, João - *Ropica Pnefma, reprodução fac-similada da edição de 1532 e leitura modernizada, notas e estudo de I.S. Révah*. Lisboa: Instituto de Alta Cultura, 1952. Vol. I.

BARROS, João - *Ropica Pnefma, reprodução fac-similada da edição de 1532 e leitura modernizada, notas e estudo de I.S. Révah*. Lisboa: Instituto de Alta Cultura, 1965. Vol. II.

BARROSO, José Manuel - *Política Externa Portuguesa 1994-1995*. Lisboa: MNE, 1995. (Com dedicatória).

BARRTEO, Mascarenhas - *O Português Cristóvão Colombo. Agente secreto do Rei Dom João II*. 2.ª ed., Lisboa: Edições Referendo, 1988. (Com dedicatória).

BARTLET, John - *Familiar Quotations*. Boston: Little, Brown and Company, 1938.

BARZINI, Luigi - *The Italians*. New York: Scribner Book Company, 1977.

BASHEVIS, Isaac – *Singer: The Family Moskat*. London: Penguin Books, 1979. ISBN 0-224-61920-9.

BEESLY, Patrick - *Very Special Intelligence: The story of the Admiralty's Operational Intelligence Centre 1939-1945*. New York: Doudleday & Company, Inc, 1978.

BEIRÃO, Caetano - *D. Maria I, 1777-1792: Subsídios para a revisão da História do seu reinado*. 3.ª ed., Lisboa: Emprensa Nacional de Portugal, 1944.

BEIRÃO, Caetano - *História breve de Portugal*. Lisboa: Editorial Logos, s.d.

BELTRÃO, Luísa - *Os Bem-Aventurados*. 2.ª ed., Lisboa: Editorial Presença, 1996. ISBN 972-23-1976-0.

BENÉT, Willian Rose, (coord.) - *The Reader's Encyclopedia: An Encyclopedia of World Literature and the Arts*. New York: Thomas y Crowell Company, s.d.

BÉNÉZIT, E. (dir.) - *Dictionnaire Critique et Documentaire des Peintres, Sculpteurs, Dessinateurs & Graveurs de tous les temps et de tous pays*. Paris: R. Roger Et F. Chernoviz, 1911. Tome I.

BÉNÉZIT, E. (dir.) - *Dictionnaire Critique et documentaire des peintres, sculpteurs, dessinateurs & graveurs de tous les temps et de tous les pays*. Paris: R. Roger et F. Chernoviz Editeurs, 1913. Tomo I A-D.

BÉNÉZIT, E. (dir.) - *Dictionnaire Critique et documentaire des peintres, sculpteurs, dessinateurs & graveurs de tous les temps et de tous les pays*. Paris: R. Roger et F. Chernoviz Editeurs, 1913. Tomo II D-K.

BENNET, Willian J. - *Our Sacred Honor*. New York: Simon & Schuster, 1997. ISBN 0-684--84138-X.

BENZONI, Juliette - *A Estrela Azul: O Judeu de Varsóvia, trad. de Carlos Correia Monteiro Oliveira*. Venda Nova: Bertrand Editora, 1999. ISBN 972-25-1124-6.

BERGER, Yves - *Le Fou d'Amérique*. Paris :Grasset, 1976. ISBN 2-253-01963-1.

BERTRAND, Louis - *Louis XIV*. Paris: Arthème Fayard et C. Editeurs, 1927.

BESSA, Alberto - *Garrett dia a dia: Ephemerides Garrettianas*. Lisboa: Sociedade Litteraria Almeida Garrett, 1907.

BINES, Jonathan; SULLIVAN, Andrew; WEISBERG, Jacob – *Bushisms*. New York: Workman Publishing Company Inc, 1992. ISBN 1-56305-318-7.

Biobliografia do Prof. Dr. M. B. Amzalak. 2.ª ed., Lisboa: Universidade Técnica de Lisboa, 1958.

BIRD, Kai - *The Color of Truth: Mcgeorge Bundy and William Bundy brothers in arms – a biography*. New York: Simon & Schuster, 1998. ISBN 0-684-80970-2. (Com dedicatória de um amigo).

BISHOP, Gralam; PÉRES, José; TAYLL, Van Sammy, (coord.) - *User Guide to the Euro*. London: Federal Trust, 1996. ISBN 0 90157362 0.

Blätter für deutsche und internationale Politik, Bon: NOMOS, 1999.

BLIGH, Willian - *The Mutiny on Board H.M.S. Bounty*. New York: Airmont Publishing Company, Inc., 1965. ISBN 08049-0088-4.

BLOOM, Harold.; TRILLING, Lionel; KERMODE, Frank; HOLLANDER, John - *The Oxford Anthology of English Literature*. New York: Oxford University Press, 1973. Vol.II.

Boca do Inferno: Revista de Cultura e Pensamento. Cascais: Câmara Municipal de Cascais, 1996. (Com artigo de Calvet de Magalhães).

Boletim de Ciências Económicas. Coimbra: Faculdade de Direito da Universidade de Coimbra, 1972. Suplemento ao Boletim da Faculdade de Direito. Vol. XV.

Boletim de Ciências Económicas.: Faculdade de Direito da Universidade de Coimbra, 1969. Suplemento ao Boletim da Faculdade de Direito. Vol. XII. Coimbra (Com artigo de Calvet de Magalhães).

Boletim de Ciências Económicas. Coimbra: Faculdade de Direito da Universidade de Coimbra, 1967. Suplemento ao Boletim da Faculdade de Direito. Vol. X. (Com artigo de Calvet de Magalhães).

Boletim de Ciências Económicas. Coimbra: Faculdade de Direito da Universidade de Coimbra, 1955. Vol. IV, n.ᵒˢ 2-3.

Boletim de Ciências Económicas. Coimbra: Faculdade de Direito da Universidade de Coimbra, 1964. Vol. VIII, 1959-1964. (Com artigo de Calvet de Magalhães).

Boletim de Ciências Económicas. Coimbra: Faculdade de Direito da Universidade de Coimbra, 1968. Vol. XI.

Boletim de Ciências Económicas. Coimbra: Faculdade de Direito da Universidade de Coimbra, 1971. Vol. XIV.

Boletim Mensal do Ministério dos Negócios Estrangeiros. Lisboa: Serviço de Informação e Imprensa do MNE, Setembro, 1991.

Boletim Mensal do Ministério dos Negócios Estrangeiros. Lisboa: Serviço de Informação e Imprensa do MNE, Outubro, 1991.

Boletim Mensal do Ministério dos Negócios Estrangeiros. Lisboa: Serviço de Informação e Imprensa do MNE, Novembro, 1991.

Boletim, 1986. Lisboa: Academia Portuguesa da História, 1988. Vol. 50.

Boletim, 1987-1988. Lisboa: Academia Portuguesa da História, 1989. Vol. 52.

BOORSTIN, Daniel J. - *The Discoverers.* New York: Random House, Inc., 1985. ISBN 0-394-
-72625-1.

Boswell's London Journal 1762-1763, introduction and notes by Frederick A. potter with a preface by Christopher Morley. New York: McGraw-Hill Book Company, INC, 1950.

BOURDON, Léon - *José Corrêa da Serra: Ambassadeur du Royaume-Uni de Portugal et Brésil à Washington 1816-1820.* Paris: Fundação Calouste Gulbenkian/Centro Cultural Português, 1975.

BOURLANGES, Jean-Louis - *Le Diable est-il Européen?* Paris: Stock, 1992. ISBN 978-2234-025103.

BOXER, Captain C. R. - *The Embassy of Captain Gonçalo de Siqueira de Souza to Japan in 1644-7.* Macau: Tip. Mercantil, 1938.

BRADFORD, Emile. *O Grande Cerco.* Malta 1565.

BRAILLARD, Philippe - *Théories des Relations Internationales.* Paris: Presse Universitaire de France, 1977.

BRANDÃO, Fernando Castro - *História Diplomática de Portugal. Uma cronologia.* Lisboa: Livros Horizonte, 2002. (Com dedicatória do autor).

BRANDÃO, Fernando de Castro - *Da Monarquia Constitucional à República, 1834-1910. Uma cronologia.* Póvoa de Santo Adrião: Heuris, 2003. ISBN 972-559-2. (Com dedicatória do autor).

BRANDÃO, Fernando de Castro - *O Consulado-Geral de Portugal em Bóston. Subsídios para a sua História.* Lisboa: MNE, 1995. (Com dedicatória autor).

BRANDÃO, Fernando de Castro - *Para uma Bibliografia da História Diplomática Portuguesa, com prefácio de Calvet de Magalhães.* Lisboa: MNE, 1989.

BRANDÃO, Fernando de Castro - *Relaciones Diplomático-Consulares entre México y Portugal.* México: Secretaria de Relaciones Exteriores, 1962. (Com dedicatória do autor).

BRANDÃO, Fernando de Castro - *Sinopse Cronológica da História Diplomática Portuguesa.* Lisboa: MNE, 1984. (Com dedicatória do autor).

BRANDÃO, João de Paiva Faria Leite - *A Nação Portuguesa no aspecto militar.* Separata da Revista Militar n.° 11, Novembro. Lisboa, 1972. (Com dedicatória do autor).

BRANDÃO, Manuel Oliveira de Castro - *Aspectos recentes da Evolução Africana 1960-1969 (análise de alguns indicadores).* Lisboa: Ministério do Exército, 1972. Separata do Boletim de Informação n.° 93. (Com dedicatória do autor).

BRANDÃO, Manuel Oliveira de Castro - *Realidade da África actual através de alguns números.* Lisboa: Ministério do Exército, 1971. Separata do Boletim de Informação n.°ˢ 78-79. pp. 3-28. (Com dedicatória do autor).

BRANDÃO, Mário; ALMEIDA, M. Lopes d' - *A Universidade de Coimbra. Esboço da sua História.* Coimbra: Universidade de Coimbra, 1937.

BRANDÃO, Raúl - *Obras Completas – Memórias.* Lisboa: JF, 1969. Vol.I.

BRASÃO, Eduardo - *O Papado e Portugal desde a Conferência de Zamora (1143) até à Bula de Alexandre III "Manifestis Probatum" (1179).* Lisboa: Academia Portuguesa da História, 1979. Separata do 8.° centenário do Reconhecimento de Portugal pela Santa Sé. (Com dedicatória do autor).

BRÁSIO, Padre António, (coord). - *Monumenta Missionária Africana. África Ocidental (1656/1665)*. Lisboa, Academia Portuguesa da História, 1978. Vol. XV.

BRÁSIO, Padre António - *Momumenta Missionaria Africana. África Ocidental, África Ocidental (1651-1684)*. 2.ª série. Lisboa: Academia Portuguesa da História, 1991.

BRAZÃO, Eduardo - *A Diplomacia Portuguesa nos séculos XVII e XVIII, (1700-1750)*. Lisboa: Editorial Resistência, SARL, 1980. 2 vols. (Com dedicatória do autor).

BRAZÃO, Eduardo - *A Missão a Roma do Bispo de Lamego*. Coimbra: Universidade de Coimbra, 1947. (Com dedicatória do autor).

BRAZÃO, Eduardo - *A Unificação de Itália vista pelos diplomatas portugueses (1848-1870)*. Coimbra: Faculdade de Letras da Universidade de Coimbra, 1966. 2 vols. (Com dedicatória do autor).

BRAZÃO, Eduardo - *La Découverte de Terre-Neuve*. Montréal: La Presse de L'Université de Montréal, 1964. (Com dedicatória do autor).

BRAZÃO, Eduardo - *Macau. Cidade do Nome de Deus na China, não há outra mais leal*. S.l., Agência Geral do Ultramar 1957. (Com dedicatória do autor).

BRAZÃO, Eduardo - *Memorial de Dom Quixote*. Coimbra: Coimbra Editora, 1976. (Com dedicatória do autor).

BRAZÃO, Eduardo - *O Concílio Vaticano I visto pelos Diplomatas Portugueses (1869-1870)*. Lisboa: Centro de Estudos de História Eclesiástica, 1972. (Com dedicatória do autor).

BRAZÃO, Eduardo - *O Conclave de 1903 e o Veto da Exclusão*. Lisboa: Centro de Estudos de História Eclesiástica, 1962. (Com dedicatória do autor).

BRAZÃO, Eduardo - *Os Corte Reais e o Mundo Novo*. Lisboa: Agência-Geral do Ultramar, 1965. (Com dedicatória do autor).

BRAZÃO, Eduardo - *Os Descobrimentos Portugueses nas Histórias do Canadá*. Lisboa: Agência-Geral do Ultramar, 1969. (Com dedicatória do autor).

BRAZÃO, Eduardo - *Uma Velha Aliança*. Lisboa: Academia Portuguesa da História, 1955. (Com dedicatória do autor).

BRIGGS, Jeanine; JR, John E. Crean - *Alles Gute! Basic German for Communication*. 3.ª ed., New York: McGraw-Hill Publishing Company, 1990. ISBN 0-07-540826-0.

Bristish Museum - The Catalogues of the Manuscript Collections. London: The Trustees of the Bristh Museum, 1962.

Britain and the EEC: The economic background. London: Her Majesty's Stationery Office, 1967.

BRITTO, Joaquim José Rodrigues de - *Memórias Políticas sobre as verdades bases da grandeza das nações – 1803-1805*. Lisboa: Banco de Portugal, 1992. Tomos I a III. (Com dedicatória autor).

BROCHADO, Costa - *Memórias de Costa Brochado*. Lisboa: Livraria Popular Francisco Franco Lda, 1987.

BROCHADO, José da Cunha – *Cartas*. Lisboa: Livraria Sá da Costa, 1944.

BRODRICK, J., S.J. - *The Economic Morals of the Jesuits, an answer to Dr. H. M. Robertson*. London: Oxford University Press, 1934.

BROMFIRLD, Louis - *The Strange Case of Miss Annie Spragg*. S.l.: The Albatross, 1947.

BRONSEVAL, Claude (Frere) - *Peregrinatio Hispânica 1531-1533*. Paris: Presses Universitaires de France, 1970. (em muito mau estado de conservação)

BROOK-SHEPHERD, Gordon - *Uncle of Europe. The Social and Diplomatic life of Edward VII*. London: Collins, 1975. ISBN 000 211856 4. (Com dedicatória)

Brotéria: Revista Contemporânea de Cultura. Dezembro, Lisboa: Província Portuguesa da Companhia de Jesus, 1943. Vol. XXXVII, Fasc.4.

BROTÓN, Antonio Remiro - *Breve Diccionario del Tratado de la Union Europea.* Madrid: CERI, 1993. ISBN 84-88025-16-5.

BROWN, Wilfred - *Exploration in Management.* London: Pelican Book, 1970. ISBN 9780140205435.

BRUYÈRE, La - *Les Caractères: Précédés des caractères de Théophraste.* Paris: Éditions Garnier Frères, 1960.

BUCHWALD, Art - *N'oublie pas d'écrire.* Paris: **Editions René Julliard**, 1960.

BULFINCH, Thomas - *The age of fable or the beauties of mythology.* New York: The Heritage Press, 1942.

BULLOCK, Alan; STALLYBRASS, Olivier (ed.) - *The Fontana Dictionary of modern Thought.* 3rd ed. London: Fontana/Collins, 1977.

BURCKHARDT, Jacob - *The Civilization of the Renaissance.* London: The Phaidon Press, 1944.

BURNS, E. Bradford - *O Iluminismo em duas bibliotecas do Brasil Colónia.* Separata Universitats, n.os 8/9, Jan./Agosto, 1971, pp.5-30.

BURNS, E. Bradford - *The Brazilian Jesuit Letters a Sixteenth Century View of Portuguese America.* Coimbra: Universidade de Coimbra, 1962.

BYRNES, James F. - *Speaking Frankly.* New York: Harper & Brothers Publishers, s.d.

CABOT, John Moors - *First line of defense: Forty years' experiences of a career diplomat.* Washington, D. C.: Georgetown University, 1979. ISBN 0-93472-00-6.

CABRAL, António - *Eça de Queiroz. A sua vida e a sua obra. Cartas e documentos inéditos.* 2.ª ed., Lisboa: Portugal-Brasil Limitada, s.d.

CABRAL, António - *Glória e sombras de Eça de Queirós.* Lisboa: Livraria Popular, 1941.

CADAMOSTO, Luís; SINTRA, Pedro de – *Viagens.* Lisboa: Academia Portuguesa da História, 1988.

Cadernos de Cultura, n.º 1, Lisboa: Centro de História da Cultura/UNL, 1998. ISSN 0874-1859.

CAEIRO, António - *Pela China Dentro. Uma Viagem de 12 Anos.* Lisboa: Publicações dom Quixote, 2004. ISBN 972-20-2696-8. (Com dedicatória do autor).

CAEIRO, Francisco - *O Arquiduque Alberto de Áustria. Vice-Rei e Inquisidor-Mor de Portugal, Cardeal Legado do Papa, Governador e depois Soberano dos Países Baixos.* Lisboa: Edição do Autor, 1961.

CAESAR - *The Gallic War, Translated with an Introduction and Notes by Carolyn Hammond.* London: Oxford University Press, 1996. ISBN 0-19-283582-3.

CAETANO, Marcello - *A Administração Municipal de Lisboa durante a 1.ª Dinastia (1179--1383).* Lisboa: Academia Portuguesa da História, 1981.

CAETANO, Marcello - *As grandes opções.* Lisboa: Verbo, 1973. (Com dedicatória do autor).

CAETANO, Marcello - *Minhas Memórias de Salazar.* Lisboa: Verbo, 1977.

CAETANO, Marcello - *Páginas Inoportunas.* Lisboa: Livraria Bertrand, S/d. (Com dedicatória do autor).

CAL, Ernesto Guerra da - *Lengua y Estilo de Eça de Queiroz.* Coimbra: Universidade de Coimbra, 1975. Tomo I.

CALDAS, Eugénio de Castro; LOUREIRO, Manuel dos Santos - *Níveis de Desenvolvimento Agrícola no Continente Português.* Lisboa: Fundação Calouste Gulbenkian – Centro de Estudos de Economia Agrária, 1963.

CALVEZ, J.Y.; PERRIN, J. - *Église et Société Économique. L'Enseignement Social des Papes de Léon XII a Pie XII (1878-1958)*. Paris: Aubier, 1969.

CAMEIRA, Maria Cecília de Sousa - *Para o estudo da Política Externa Portuguesa. Os papéis de Andrade Corvo (1869-1878)*. Lisboa: UNL, 1995. (tese de mestrado, texto policopiado).

CAMÕES, Luís Vaz de - *Elogio dos Faunos, com prefácio de Mendes dos Remédios*. Lisboa: Empresa Internacional Editora, 1923.

CAMÕES, Luís Vaz de - *Lusiadi, traduzione di Mercedes la Valle, nota introduttiva di Leo Magnino*. Parma: Guanda, 1965. (Com dedicatória)

CAMÕES, Luís Vaz de - *Obras Completas*. 3.ª ed., Lisboa: Livraria Sá da Costa, 1968. Vol. IV.

CAMÕES, Luís Vaz de - *Obras Completas*. Lisboa: Livraria Sá da Costa, 1958. Vol. V.

Camões, Revista de Letras e Culturas Lusófonas ibero-americanas, n.º 2. Lisboa: Instituto Camões, 1998. ISSN 0874-3029.

Camões, Revista de Letras e Culturas Lusófonas ibero-americanas, n.os 9-10. Lisboa: Instituto Camões, 1999. ISSN 0874-3029.

CAMPOS, Agostinho (org.) – *Bernardes: A Nova Floresta*. Paris / Lisboa: Bertrand, 1919.

CAPOTE, Truman - *In Cold Blood*. New York: Penguin Books, 1966.

CARDOSO, José Luís, et. al. - *O Tratado de Methuen (1703). Diplomacia, Guerra, Política*. Lisboa:Livros horizonte, 2003. ISBN 972-24-1297-3.

CARDOZO, Manuel - *A Escravidão no Brasil, tal como é descrita pelos americanos: 1822--1888*. Separata n.º 43 da *Revista de História*. São Paulo, 1960.

CARRÉ, John Le - *The Night Manager*. New York: Alfred A. Knopf, 1993.

CARREIRA, J. - *Fátima e o Evangelho*. Leiria: Sampedro, 1967.

CARREIRA, J. - *Roma. História, Arte e Religião*. Porto: Lello & Irmão Editores, 1976. (Com dedicatória do autor).

CARREIRA, Joaquim - *S. Francisco de Assis e os Lugares Santos Franciscanos*. Coimbra: Edição de autor, 1976. (Com dedicatória do autor).

CARREIRO, José Bruno - *Antero de Quental. Subsídios para a sua biografia*. 2.ª ed., Braga: Instituto Cultural de Ponta Delgada / Livraria Editora Pax, 1981. (2 vols.).

Cartas a João de Barros, selecção, prefácio e notas de Manuela de Azevedo. Lisboa: Edição "Livros do Brasil", s.d.

CARVALHO, Henrique Martins de - *A Juventude e a Ideia de Europa*. Lisboa: Instituto Superior de Ciências Sociais e Política Ultramarina, 1968. (Com dedicatória do autor).

CARVALHO, Henrique Martins de - *Algumas Observações sobre a Nato no momento presente (apontamentos de uma viagem)*. Lisboa: Instituto Superior de Ciências Sociais e Política Ultramarina, 1964. (Com dedicatória do autor).

CARVALHO, Henrique Martins de - *Os Ventos da História. Estudos de Política Internacional*. Amadora: Livraria Bertrand, s.d. (Com dedicatória e assinatura ilegível).

CARVALHO, Henrique Martins de - *Política de Apaziguamento: Notas sobre uma reunião internacional promovida pelo CEDI*. Lisboa: Instituto Superior de Ciências Sociais e Política Ultramarina, 1965. (Com dedicatória do autor).

CARVALHO, Henrique Martins - *Problemas sócio-culturais contemporâneos da família em Portugal*. Lisboa: Academia Internacional da Cultura, 1989. (Texto policopiado e com dedicatória da viúva de Martins Carvalho).

CARVALHO, J. Miranda (coord.) - *Novo Sistema Retributivo da Função Pública*. Coimbra: Ediliber Editora, s.d.

CARVALHO, João Pinto de - *Lisboa de Outrora, publicação póstuma coordenada, revista e anotada por Gustavo de Matos Sequeira e Luiz de Macedo*. Lisboa: Edição do Grupo "Amigos de Lisboa", 1938. (2 vols.).

CARVALHO, Joaquim - *Estudos sobre a Cultura Portuguesa do século XV*. Coimbra: Universidade de Coimbra, 1949. Vol.I.

CARVALHO, Joaquim - *Estudos sobre a Cultura Portuguesa do século XIX*. Coimbra: Universidade de Coimbra, 1955. Vol.I.

CASSELL'S - *German & English Dictionary*. London: Cassell, s.d.

CASSESE, Antonio - *International Law in a Divided World*. New York: Oxford University Press, Clarendon Paperbacks, 1989. ISBN 9780198762331.

CASTANHEIRA, José Pedro - *Macau: os últimos Cem dias do Império*. Lisboa: Publicações Dom Quixote / Livros do Oriente, 2000. ISBN 972-20-1791-8 (Publicações Dom Quixote); ISBN 972-9418-85-3 (Livros do Oriente).

CASTANHEIRA, José Pedro - *Os 58 dias que abalaram Macau, prefácio de José Calvet de Magalhães*. Lisboa: Publicações Dom Quixote / Livros Oriente, 1999. ISBN 972-20-1453-6 (Publicações Dom Quixote); ISBN 972-9418-79-9 (Livros do Oriente). (Com dedicatória do autor).

CASTELO-BRANCO, Camillo - *A doida do Candal*. 7.ª ed., Lisboa: Parceria António Maria Pereira, 1922.

CASTELO-BRANCO, Camilo - *A Filha do Arcediago*. Mem Martins: Livros de Bolso Europa--América, 2001.

CASTELO-BRANCO, Camilo - *A Filha Regicida*. 2.ª ed., Mem Martins: Livros de Bolso Europa--América, 1977.

CASTELO-BRANCO, Camilo - *A Freira no subterrâneo*. Mem Martins: Publicações Europa--América, s.d.

CASTELO-BRANCO, Camilo - *A Mulher Fatal*. Mem Martins: Livros de Bolso Europa-América, s.d.

CASTELO-BRANCO, Camilo - *Anátema*. Mem Martins: Livros de Bolso Europa-América, s.d.

CASTELO-BRANCO, Camilo - *Mistérios de Lisboa*. Mem Martins: Livros de Bolso Europa--América, s.d. Vol. I.

CASTELO-BRANCO, Camilo - *Mistérios de Lisboa*. Mem Martins: Livros de Bolso Europa--América, 1999. Vol. I.

CASTELO-BRANCO, Camilo - *Mistérios de Lisboa*. Mem Martins: Livros de Bolso Europa--América, s.d. Vol. II.

CASTELO-BRANCO, Camilo - *Mistérios de Lisboa*. Mem Martins: Livros de Bolso Europa--América, s.d. Vol. III.

CASTELO-BRANCO, Camilo - *Novelas do Minho*. Mem Martins: Livros de Bolso Europa--América, 1991. Vol. II.

CASTELO-BRANCO, Camilo - *Perfil do Marquês de Pombal*. Porto: Porto Editora, 1981.

CASTILHO, Guilherme de (cord.) - *Eça de Queirós. Correspondência*. Lisboa: Imprensa Nacional – Casa da Moeda, 1983. (2 vols.).

CASTILHO, Guilherme de - *Presença do Espírito*. Lisboa: Imprensa Nacional – Casa da Moeda, s.d. (Com dedicatória do autor).

CASTILHO, Júlio de - *Conquista de Lisboa aos mouros (1147)*. 2.ª ed., Lisboa, CML: 1936.

CASTILHO, Júlio de - *Lisboa Antiga: Bairros orientais*. 2.ª ed., Lisboa: CML, 1939. Vol. I.

CASTILHO, Júlio de - *Lisboa Antiga: Bairros orientais*. 2.ª ed., Lisboa: CML, 1937. Vol. IX.

CASTILHO, Júlio de - *Lisboa Antiga: Bairros orientais*. 2.ª ed., Lisboa: CML, 1937. Vol. VIII.

CASTILHO, Júlio de - *Lisboa Antiga: Bairros orientais*. 2.ª ed., Lisboa: CML, 1936. Vol. VI.

CASTILHO, Júlio de - *Lisboa Antiga: Bairros orientais*. 2.ª ed., Lisboa: CML, 1938. Vol. XI.

CASTILHO, Júlio de - *Lisboa Antiga: Bairros orientais*. 2.ª ed., Lisboa: CML, 1936. Vol. V.

CASTILHO, Júlio de - *Lisboa Antiga: Bairros orientais*. 2.ª ed., Lisboa: CML, 1938. Vol. XII.

CASTILHO, Júlio de - *Lisboa Antiga: Bairros orientais*. 2.ª ed., Lisboa: CML, 1937. Vol. X.

CASTILHO, Júlio de - *Lisboa Antiga: Bairros orientais*. 2.ª ed., Lisboa: CML, 1935. Vol. III.

CASTILHO, Júlio de - *Lisboa Antiga: Bairros orientais*. 2.ª ed., Lisboa: CML, 1936. Vol. IV.

CASTILHO, Júlio de - *Lisboa Antiga: Bairros orientais*. 3.ª ed., Lisboa: CML, 1962. Vol. IV.

CASTILHO, Júlio de - *Lisboa Antiga: Bairros orientais*. 3.ª ed., Lisboa: CML, 1952. Vol. II.

CASTILHO, Júlio de - *Lisboa Antiga: O Bairro Alto*. 3.ª ed., Lisboa: CML, 1956. Vol. III.

CASTILHO, Júlio de - *Lisboa Antiga: O Bairro Alto*. 3.ª ed., Lisboa: CML, 1954. Vol. I.

CASTILHO, Júlio de - *Lisboa Antiga: O Bairro Alto*. 3.ª ed., Lisboa: CML, 1955. Vol. II.

CASTILHO, Júlio de - *Lisboa Antiga: O Bairro Alto*. 5.ª ed., Lisboa: CML, 1966. Vol. V.

CASTILHO, Júlio - *A Ribeira de Lisboa*. 2.ª ed., Lisboa: CML, 1943. Vol. V.

CASTILHO, Júlio - *A Ribeira de Lisboa*. 3.ª ed., Lisboa: CML, 1948. Vol. I.

CASTILHO, Júlio - *A Ribeira de Lisboa*. 3.ª ed., Lisboa: CML, 1956. Vol. II.

CASTILHO, Júlio - *A Ribeira de Lisboa*. 3.ª ed., Lisboa: CML, 1960. Vol. III.

CASTRO, Armando de - *O Pensamento económico no Portugal moderno*. Amadora: Instituto de Cultura Portuguesa, Amadora, 1980.

CASTRO, Armando - *Doutrinas económicas em Portugal (séc. XVI a XVIII)*. Lisboa: Instituto de Cultura Portuguesa, 1978.

CASTRO, José da Gama - *O Novo Principe ou o Espirito dos governos monarchicos*. 2.ª ed.: Rio de Janeiro, 1841.

CASTRO, Padre José de - *Portugal em Roma*. Lisboa: União Gráfica, 1939. (2 vols.).

CASTRO, Rachel Jardim de - *S. João de Deus. Um herói português do século XVI*. 2.ª ed., Lisboa: Portugália, s.d.

CASTRO, Zília Osório (coord.) - *Portugal e os Caminhos do Mar. Séculos XVII – XIX*. Lisboa: Edições Inapa, 1998.

Catálogo do Centenário de José Thomaz de Sousa Martins. Lisboa: Hospitais Civis de Lisboa, 1943.

CASTELO-BRANCO, Fernando - *Lisboa Seiscentista*. 3.ª ed., Lisboa, [s.e.] 1969.

CAVALCANTI, Paulo - *Eça de Queiroz: Agitador no Brasil*. Recife: Editora Guararapes, 1983.

CAYGILL, Howard - *A Kant Dictionary*. Oxford Malden, 1999. ISBN 0-631-17534-2 (HBK) / ISBN 0-631-17535-0 (PBK).

CELA, Camilo José - *A Cruz de Santo André*. Lisboa: Diário de Notícias, 2003. ISBN 84-8130-564-2.

CÉSAR, Constança Marcondes (*et al.*) - *Mito e Cultura. Vicente Ferreira da Silva e Eudoro de Sousa. Actas do V Colóquio Tobias Barreto*. Lisboa: Instituto de Filosofia Luso--Brasileiro, 2001.

CÉSAR - Guerre des Gaules. Paris: Societé d'Édition "Les belles Lettres", 1926. (Livros V-VIII).

CHABRIER, Paul; ROSENBLATT, Julius - "Recent Developments in Portugal", in Separata do *Staff Papers-International Monetary Fund*, vol.13, n.º 2, jul.,1966, pp.283-353.

CHAGAS, Frei António das - *Cartas Espirituais*. Lisboa: Livraria Sá da Costa, 1938.

CHAGAS, Pinheiro - *Migalbas de História Portuguesa*. Porto: Lello & Irmão Editores, 1984.

CHALLAYE, Félicien - *L'Art et la Beauté*. Paris:Fernand Nathan Editeur, 1929.

CHAMFORT - *Œuvres Principales*. Paris: Chez Jean-Jacques Pauvert, 1960.

CHARLES, Jean - *La foire aux cancres*. Paris: Calmann-Lévy, 1962.

CHARLES, Jean - *Le rire en herbe*. Paris: Calmann-Lévy, 1963.

CHAVES, Castelo Branco (coord.) - *Eça de Queiroz. Visto por quem o conheceu*. Lisboa: Empresa Contemporânea de Edições, Lda, 1944.

CHEONG, Fok Kai - *Estudos sobre a instalação dos portugueses em Macau*. Lisboa: Museu Marítimo de Macau/Gradiva, 1996. (Com dedicatória de um amigo).

CHMÉLOV, Ivan - *Le Soleil de la Mort, traduit par Denis Roche*. Paris: Librairie Plon, s.d.

Chronica do Condestabre de Portugal Dom Nuno Alvares Pereira, com revisão, prefácio e notas por Mendes dos Remédios. Coimbra: F. França Amado, 1901.

Chronique de Politique Étrangère. Bruxelles: Institut Royal des Relations Internationales, Centre Interuniversitaire de Recherche, vol. XX, nr. 6, Novembre 1967.

CHURCHILL, Winston S. - *The Hinge of fate*. Boston: The Riberside Press Cambrdige, 1950.

CIDADE, Hernani - *Camões em Lisboa e Lisboa nos Lusíadas*. Lisboa: CML, 1972.

CIDADE, Hernani - *Ensaio sôbre a Crise mental do século XVIII*. Coimbra: Imprensa da Universidade de Coimbra, 1929.

CIDADE, Hernâni - *Lições de Cultura e Literatura Portuguesas*. 4.ª ed., Coimbra: Coimbra Editora, 1959. (2 vols.).

CIDADE, Hernâni - *Luís de Camões. O Épico*. 3.ª ed., Lisboa: Livraria Bertrand, 1968. Vol. II.

Cidade proibida = The Forbidden City. Lisboa: Fundação Oriente, 1992. ISBN 972-9440-09-3. (Com dedicatória da amiga Maria Amália).

CINTRA, Luís Filipe Lindley - *Crónica Geral de Espanha de 1344,* edição crítica do texto português. Lisboa: Academia Portuguesa da História, 1990. Vol.IV.

CLARK, Ronald W. - *Benjamin Franklin. A biography*. New York: Random House, 1983. ISBN 0-394-50222-1.

CLARK, Susan L. - *Security issues and the Slavic states: Relations between Moscow and the periphery: prospects for Russia*. Lisboa: Sociedade de Geografia de Lisboa, 1994. (Com dedicatória de António Egídio de Sousa Leitão, Presidente da SGL).

CLAUSEWITZ, Carl - *De la Guerre*. Paris: Les Éditions de Minuit, 1955.

Clio, Revista do Centro de História da Universidade de Lisboa, vol.6. Lisboa: Instituto Nacional de Investigação Científica, 1987-88. (Com dedicatória do Professor João Medina).

COELHO, Francisco Lemos - *Duas Descrições Seiscentistas da Guiné. Manuscritos inéditos publicados, introdução e anotações históricas de Damião Peres*. Lisboa: Academia Portuguesa da História, 1990.

Colecção de Tratados de Castro: Índices Gerais de todos os documentos publicados nos tomos I a VIII.

COLETTE - *Claudine en ménage*. Paris: Mercure de France, 1954.

Collegium, n.º 30, Special Edition. Bruges: College of Europe, Summer, 2003.

Collier's Encyclopedia with Bibliography and Index. New York: Macmillan Educational Company, 1962. (24 vols.).

COLLINS, Wilkie - *The Moonstone*. New York: Penguin, 1994.

Colóquio / Letras, Revista trimestral, nr.os 140/141 Abril-Setembro 1996. Lisboa: Fundação Calouste Gulbenkian. ISSN 44718/91.

Compêndio Histórico do Estado da Universidade de Coimbra no tempo da invasão dos denominados jesuítas e dos estragos feitos nas sciencias e nos professores, e directores que a regiam. Pelas maquinações e publicações dos novos estatutos por elles fabricados. Lisboa: Regia Officina Typografica, 1772.

CONASON, Joe; LYONS, Gene - *The Hunting of the President. The ten-year campaign to destroy Bill and Hillary Clinton.* New York: St. Martin's Press, 2000. ISBN0-312-24547-5.

CONDE DE VILLA FRANCA - *D. João I e a Alliança Ingleza.* Lisboa: Livraria Ferreira, 1884.

CONDE, Alexander de - *A History of American Foreign Policy.* New York: Charles Scribner's Sons, 1963.

Confluência, Revista do Instituto de Língua Portuguesa. Rio de Janeiro: Liceu Literário Português, Rio de Janeiro, 1996, n.º 12.

Confluência, Revista do Instituto de Língua Portuguesa. Rio de Janeiro: Liceu Literário Português, 1997, n.º 13.

Confluência, Revista do Instituto de Língua Portuguesa. Rio de Janeiro: Liceu Literário Português,1997, n.º 4.

CONSTÂNCIO, F.S. - *Armazém de Conhecimentos úteis, nas artes e ofícios ou collecção de tratados, receitas e invenções de utilidade geral; destinado a promover a agricultura e indústria de Portugal e do Brasil.* Paris: Livraria De J.P. Aillaud, 1838.

Constituição da República Portuguesa, 4.ª revisão nos termos da Lei Constitucional n.º 1/97, 20 de Setembro. Lisboa: Principa, 1997.

Convenção das Nações Unidas sobre o Direito do Mar. Versão em Língua Portuguesa com Anexos e Acta Final da Terceira Conferência das Nações Unidas sobre o Direito do Mar. Lisboa: Biblioteca Diplomática, MNE, 1985.

Convenção de Viena sobre Relações Consulares. Lisboa: MNE/Imprensa Nacional Casa da Moeda, 1988.

Convenção de Viena sobre Relações Diplomáticas. Lisboa: MNE, 1973. (2 exemplares).

Convergência Lusíada, Revista do Real Gabinete Português de Leitura. Rio de Janeiro, 1996, n.º 13.

COPLESTON, R.C. – *Aquinas.* 6.ª ed., New York: Penguim Books, 1967.

CORDÓN, Juan Manuel Navarro; MARTINEZ, Tomas Calvo - *História da Filosofia.* Lisboa: Edições 70, 1993. ISBN 972-44-0347-5. (2.º vols.).

CORNWELL, John - *Comme un voleur dans la nuit. Enquête sur la mort de Jean-Paul 1er.* Paris: Robert Laffont, 1989. ISBN 0-670-82387-2.

CORREA, A.A. Mendes - *Raízes de Portugal.* Lisboa: Edição de "Ocidente", 1938. (em muito mau estado de conservação)

CORRÊA, Vera Tanger - *Guia para a vida diplomática.* Lisboa: ID/MNE, 2003. ISBN 972-98906-1-7.

COSSA, Luigi - *Histoire des Doctrines Économiques,* Paris, V. Giard & E. Brière Libraires--Éditeurs, 1899.

COSTA, A. Gomes da - *O Homem português e o Brasil – Crónicas.* Rio de Janeiro: Nórdica, 1998. ISBN 85-7007-297-X. (Com dedicatória do autor).

COSTA, Alberto - *O Livro do Doutor Assis.* 8.ª ed., Lisboa: Livraria Clássica Editora, s.d.

COSTA, António Domingues de Sousa - *Estudos sobre Álvaro Pais.* Lisboa: Instituto de Alta Cultura, 1966.

47

COSTA, Severino - *Eça de Queiroz. Subsídios biográficos, prefácio de Álvaro Salema.* Viana do Castelo: s.e., 1979. (Texto policopiado).

COSTA, Sousa - *Figuras e Factos Alto-Durienses. Frei João Mansilha e a Companhia Geral da Agricultura das Vinhas do Alto Douro.* Porto: Instituto do Vinho do Porto, 1953.

COULOUMBIS, Theodore A.; WOLFE, James H. - *Introduction to International Relations. Power and Justice.* New Jersey: Prentice-Hall, 1978. ISBN 0-13-485300-8.

Council on Foreign Relations, Annual Report 1985-1986. New York.

COURIER, Paul-Louis - *Oeuvres Complètes, texte établi et annoté par Maurice Allem.* Paris: Gallimard, 1951.

COÛTEAUX, Paul-Marie - *L'Europe vers la guerre.* Paris: Édition Michalon, s.d. ISBN 2-84186--060-4.

COUTINHO, D. José Joaquim da Cunha de Azevedo - *Ensaio Económico sobre o Commercio de Portugal e suas colónias.* 3.ª ed., Lisboa: Academia Real das Sciencias, 1828.

COUTO, Diogo do – *Décadas.* Lisboa: Livraria Sá da Costa, 1947. Vol. II.

COUTO, Diogo do – *Décadas.* Lisboa: Livraria Sá da Costa, 1951. Vol. I.

COUTO, Diogo do - *O Soldado Prático.* 2.ª ed., Lisboa: Livraria Sá da Costa, 1954.

CPLP e o seu enquadramento. Lisboa: IDI-MNE, 2003. ISBN 972-9245-36-3.

COVAS, António - *A Revisão do Tratado de União Europeia. Contributos para a Conferência intergovernamental de 1996.* Lisboa: CELTA, 1996. ISBN 972-8027-45-9.

CRAVO, Arnaldo Abílio Godoy Barreira - *A Política Internacional da Revolução.* São Paulo: Edição de Autor, 2003. ISBN 903350. (Com dedicatória do autor).

CREMASCO, Maurizio (a cura di) - *Relazioni Est-Ovest e Sicurezza nel Mediterrâneo.* Napolli: Istituto Affari Internazionali, 1978.

CRUZ, António; BRASÃO, Eduardo - *8° Centenário do Reconhecimento de Portugal pela Santa Sé (Bula "Manifestis Probatum" – 23 Maio de 1179).* Lisboa: Academia Portuguesa da História, 1979.

CRUZ, José Pedro Castanheira Valdemar - *A Filha Rebelde. Da Cuba do Che ao Portugal de Abril, a vida fantástica de Annie Silva Pais, filha do último director da PIDE.* 4.ª ed., Lisboa: Biblioteca Expresso/Temas & Debates, 2004. ISBN 972-759-703-3. (Com dedicatória do autor).

CUESTA, Pilar Vázquez; Luz, Maria Albertina Mendes da Luz - *Gramática portuguesa.* 3.ª ed., Madrid: Editorial Gredos, S.A., 1971. Tomo I.

CUESTA, Pilar Vázquez; Luz, Maria Albertina Mendes da Luz - *Gramática portuguesa.* 3.ª ed., Madrid: Editorial Gredos, S.A., 1971. Tomo II.

Cultura, Revista de História e Teoria das Ideias, 1998. Lisboa: Centro de História da Cultura da Universidade Nova de Lisboa. ISSN 0870-4546. IIª Série, vol. X.

Cultura, Revista de História e Teoria das Ideias, 2000/2001, Lisboa: Centro de História da Cultura da Universidade Nova de Lisboa, 2000/2001. ISSN 0870-4546. IIª Série, vol. XII.

CUNHA, H. de Mendonça e - *Regras do Cerimonial Português.* Amadora: Livraria Bertrand, 1976.

CURTIS JR., Charles P.; GREENSLET, Ferris - *The Practical Cogitator or Thinker's Anthology.* Boston: Houghton Mifflin Company, 1945.

D' ENCAUSSE, Hélène Carrère - *Victorieuse Russie.* Paris: Fayard, 1992.

D'OREY, José Luís de Albuquerque; D'OREY, Pedro Paulo Cardoso - *Achilles Albuquerque d'Orey: Monografia da Família.* Lisboa: Edição dos Autores, 2002.

DAIRAINES, Serge - *Les Étrangers et les Sociétés Etrangères en France. Statut Juridique, Fiscal et Social. Immunités.* Paris: Éditions de Villefort, 1957. (Com dedicatória)

DAUDET, Alphonse - *Contes du lundi.* Paris: Librairie Générale Française, 1985.

DAUDET, Alphonse - *Le Petite Chose.* Paris: PML, 1995.

DAUDET, Alphonse - *Lettres de mon moulin.* Paris: folio classique, 1993. ISBN 2-07-037533-1.

DAUDET, Alphonse - *Lettres de mon moulin.* Paris: J'ai Lu, 1992. ISBN 2277300128.

DAUDET, Alphonse - *Tartarin de Tarascon.* Paris: Pocket, 1994. ISBN 2-266-04904-6.

DAVID, Celestino - *Eça de Queiroz em Évora.* Lisboa / Rio de Janeiro: Edições Dois Mundos, 1945.

De Equestri Ordine Paiano: Pro Equitibus primae classis seu a magna cruce. Roma: Ex Typographia Vaticana, 1905.

De Quoi Rire, coord. Gaston Bonheur. Paris: René Julliard Paris, 1960.

DEMÓSTONES - *Plaidoyers Politiques, sur les Forfaitures de l'Ambassade*, 3eme éd., *texte établi et Traduit par George Mathieu.* Paris: Société D'Édition «Les Belles Lettres», 1972. Tomo III.

DEUS, João - *Campo de Flores: Poesias Lyricas completas, coordenadas sob as Vistas do autor por Theophilo Braga.* 6.ª ed., Lisboa: Portugal-Brasil Companhia Editora, s.d. Tomo I.

Developments in the Middle East, February 1990. Washington: U.S. Government Printing Office, 1990.

DEWOLFE, Fred - *Port Land West.* Portland: Oregon, Press, 1973. (cCom dedicatória do amigo Cliff).

DIAS, Jorge - *Estudos do carácter nacional português.* Lisboa: Junta de Investigações do Ultramar / Centro de Estudos de Antropologia Cultural, 1971.

DICHTER, Ernest - *La Stratégie du Désir: une philosophie de la vente, Préface de Marcel Bleustein-Blancher.* Paris: Fayard, 1961.

Dicionário Português-Chinês. Macau: Imprensa Oficial de Macau, 1996.

DICKENS, Carlos - *O Homem e o Espectro, com uma notícia biográphica do autor.* Lisboa: Casa Editora David Corazzi, 1888.

DINIS, Júlio - *A Morgadinha dos Canaviais.* Porto; Livraria Civilização Editora, 1965.

DINIS, Júlio - *Os Fidalgos da Casa Mourisca. Crónica da Aldeia.* Porto: Livraria Civilização – Editora, 1964.

DINIS, Júlio - *Uma família inglesa.* Lisboa: Livraria Civilização, S.d. (exemplar em mau estado de conservação).

Diplomacia Portuguesa face ao Século XXI. Lisboa: IDI-MNE, 1999, ISBN 972-97416-I-I.

DOMINGUES, Francisco Contente; BARRETO, Luís Filipe (org.) - *A abertura do mundo. Estudos de História dos Descobrimentos Europeus.* Lisboa: Editorial Presença, 1986. Vol. I.

DOMINGUES, José D. Garcia - *A concepção do Mundo Árabe-Islâmico n'Os Lusíadas, separata de Garcia de Orta, Revista da Junta de Investigação do Ultramar, número especial comemorativo do IV centenário da publicação de Os Lusíadas.* Lisboa, 1972, pp. 201-226. (Com dedicatória do autor).

DOMINGUES, José Domingos Garcia - "Ossónobra na Época Árabe", em *Anais do Município de Faro*, Faro, 1972. (Com dedicatória do autor).

DOUCET, Ian; LLOYD, Richard (editors) - *Alternative anti-personnel mines. The next generations.* London: Landmine Action, 2001. ISBN 0 953671720.

DRAKE, James D. - *King Philip's war. Civil War in New England, 1675-1676.* Massachusetts: University of Massachusetts Press, 1999. ISBN 1-55849-223-2.

DRUCKER, Peter F. - *The Practice of Management*. London: Heinemann, 1967.

DUBRETON, J. Lucas - *La Vie Quotidienne au Temps des Médicis*. Paris: Hachette, 1958.

DUFFY, James - *Shipwer & Empire. Being an account of Portuguese Maritime disasters in a century of decline*. Cambrdige: Havard University Press, 1955.

DUKE, Simon W.; KRIEGER, Wolfgang (ed.) - *U.S. Military Forces in Europe. The Early Years, 1945-1970*. New York: Westview Press, 1984. ISBN 0-8133-8405-2.

DURANT, Will; DURANT, Ariel - *The Age of Napoleon. A History of European Civilization from 1789 to 1815*. New York: Simon and Schuster, 1975. ISBN 0-671-21988-X.

DURRELL, Lawrence - *Esprit de Corps. Sketches from Diplomatic Life*. London: Faber and Faber, 1957.

Eça de Queirós revelado por uma ilustre senhora de sua família. Lisboa: Biblioteca da Alma Nova, s.d. (texto policopiado).

Eça de Queirós visto pelos seus contemporâneos. 1845-1945, prefácio de José Trêpa. Porto: Livraria Lello & Irmão, 1945.

Économie et Société Humaine: Rencontres Internationales du Ministère de L'Economie des Finances. Paris: DENOEL, 1972.

EDMONDS, Walter D. - *The wedding journey*. Boston: Little Brown and Company, 1968.

Elogio do Dr. José Timóteo Montalvão Machado por Carlos Bessa e resposta de Alberto Iria. Lisboa: Academia Portuguesa da História, 1989.

Elogio do Embaixador Eduardo Brasão por Alberto Franco Nogueira e resposta de Carlos Bessa. Lisboa: Academia Portuguesa da História, 1991. (Com dedicatória de Alberto Franco Nogueira).

Elogio do Padre António Brásio por José Pedro Machado e resposta de Alberto Iria. Lisboa: Academia Portuguesa da História, 1989.

Elogio do Padre Dr. Domingos Maurício. Lisboa: Academia Portuguesa da História, 1985.

Elogio do Prof. Doutor Manuel Heleno por Fernando Castel-Branco e resposta de Joaquim Veríssimo Serrão. Lisboa: Academia Portuguesa da História, 1988.

Elogio do Prof. Doutor Pedro Calmon por Josué Montello e resposta de Joaquim Veríssimo Serrão. Lisboa: Academia Portuguesa da História, 1988.

Elogio do Professor Doutor Moses Bensabat Amzalak. Lisboa: Academia Portuguesa da História, 1983.

Embaixador Alberto Franco Nogueira, Evocação/Homenagem. Lisboa: Sociedade Histórica da Independência de Portugal, 1994.

Emigração Portuguesa. Referências Bibliográficas. Lisboa: MNE/ DGACCP/ DSAE/ DID, 1998.

EPICTETUS, *Discourses and Enchiridion, based on the translation of Thomas Wentworth Higginson with an introduction by Irwin Edman*. New York: Walter J. Black, 1944.

ERASMUS OF ROTTERDAM, Desiderius - The Praise Folly, with a short life from the author by Hendrik Willem Ban Loon. New York: Walter J. Black, 1942.

Escritoras doutros tempos, extratos das obras de Violante do Ceo, Maria do Ceo e Madalena da Glória. Subsídios para o estudo da História da Literatura Portuguesa, com revisão e prefácio de Mendes dos Remédios. Coimbra: França Amado Editor, 1914.

ESCRIVÁ, José María - *Amigos de Deus – Homilias*. Lisboa: Edições Prumo, 1977. (Com dedicatória da amiga Maria Amália).

Escuela Diplomática 1983-84. Madrid: Ministério de Assuntos Exteriores, 1985.

Escuela Diplomática 1984-85. Madrid: Ministério de Assuntos Exteriores, 1986. ISBN 84-85290-49-6.

Ensino e a investigação do Direito em Portugal e a Faculdade de Direito da Universidade de Coimbra. Coimbra: Faculdade de Direito da Universidade de Coimbra, 1999. ISBN 972-9464-21-9.

ESPADA, João Carlos, (coord.) - *O desafio europeu: passado, presente e futuro.* Lisboa: Principia/Fundação de Serralves, 1998. ISBN 972-8500-03-3.

ESPANCA, Florbela - *Sonetos Completos.* Coimbra: Livraria Gonçalves, 1934.

Estatuto e Regulamento de Benefícios da Associação Mutualista Diplomática Portuguesa – MUDIP. Lisboa: Ministério dos Negócios Estrangeiros, s.d.

Estatutos e Regulamento Interno. Lisboa: Academia Portuguesa de História, 1945.

ESTEVES, Maria Helena de Almeida - *O sistema alegórico de os Lusíadas, prefácio de Giuseppe Carlo Rossi.* Porto: Porto Editora, 1975. (Com dedicatória da autora).

Estratégia, Revista de Estudos Internacionais, nr.º 5, Outono. Lisboa: IEEI, 1988.

Estratégia, Revista de Estudos Internacionais, nr.º 6, Outono. Lisboa: IEEI, 1986.

Estratégia, Revista de Estudos Internacionais, nr.º 17, 1.º Semestre. Lisboa: IEEI/Principia, 2002.

Estratégia, Revista de Estudos Internacionais, nr.º 17, 2.º Semestre. Lisboa: IEEI / Principia, 2002. ISSN 0874-5269.

Estratégia, Revista de Estudos Internacionais, nr.º 3, 1987. Lisboa: IEEI.

ESTRELA, Armando - *De Janeiro a Janeiro.* s.l. s.n., 1981. (Com dedicatória do autor).

ESTRELA, Armando - *Vertíces...sombras.* s.l., s.n., 1983. (Com dedicatória do autor).

Ética Ambiental e Educação nos novos contextos da Ecologia Humana, Revista *Lusófona de Educação,* nr. 8. Lisboa: Edições Universitárias Lusófonas, 2006. ISSN 1645-7250.

EURIPEDES - *Iphigènie en Aulide / Alceste, traduction Artaud.* Paris: Éditions Nilsson, s.d.

Europa/Europe, nr.os 2-3, anno IV, (a cura del), *Centro Studi Sui Paesi dell'Europa Centrale e Orientale, Fondazione Istituto Gramsci.* Roma: edizioni Dédalo, 1995.

European Union: Select instruments taken from the Treaties. Book I, Volume I, Corrigendum, 1999. QC- 22-99-337-EN-K.

EVANS, Graham; NEWNHAM, Jefrey - *Dictionary of International Relations.* New York: Penguin, 1998. ISBN 357910642.

EVERTS, Steven - *The impact of the euro on transatlantic relations.* London: Centre for European Reform, 1999. ISBN 1 901229 15 7.

FALCONI, Fander; HERCOWITZ, Marcelo; ROLDAN, Muradian, (Orgs) - *Globalización y desarrollo en América Latina.* Ecuador: Flacso, 2004. ISBN 9978-67-080.

FANFANI, Amintore - *Capitalismo, Catolicismo e Protestantismo, trad. Port. De Osvaldo de Aguiar.* Lisboa: Biblioteca do Pensamento Católico, s.d..

FARIA, Alberto - *Mauá 1813-1889.* s.l.: Nacional, 1958.

FARIA, Alberto - *O Algarve nas Cortes Medievais Portuguesas do Século XV (Subsídios para a sua história) 1404-1449.* Lisboa: Academia Portuguesa da História, 1990.

FARIA, António de Portugal de - *Genealogia da Família "Possollo" (1673-1826).* Leorne: Edição do Autor, 1906.

FARIA, António de Portugal de - *Genealogia da Família "Possollo".* Buenos Aires,: Typographia Portugueza – reconquista, 1892.

FARIA, Fernanda - *Politiques de sécurité au Magreb. Les impératifs de la stabilité intérieure*. Lisbonne: IEEI, 1994.

FARIA, Francisco Leite de - *As muitas Edições da "Peregrinação" de Fernão Mendes Pinto*. Lisboa: Academia Portuguesa da História, 1992.

FARIA, Miguel Figueira de (coord.) - *Lisnave. Contributo para a História da Indústria naval em Portugal*. Lisboa: Edições INAPA, 2001. ISBN 972-792-006-0. (Com dedicatória do coordenador da obra e da co-autora Ana Paula Tudela).

FARINHA, Ramiro - *Imprensa Nacional de Lisboa: Sinopse da sua História*. Lisboa: Imprensa Nacional, 1969.

FARRELL, R. Barry, (coord.) - *Approach to Comparative and International Politics*. Evanston: Northwestern University Press, 1966. (Em muito mau estado de conservação)

Fascinating Trips to Historic spots in and about Boston. Boston: American Oil Company, 1935.

FELGAS, Hélio - *Aspectos Políticos da África Actual*. Lisboa: S.e., 1962.

FERNANDES, António José - *A União Europeia de Maastricht. Federação, Confederação ou Comunidade de Estados?*, Lisboa: Editorial Presença, 1994. ISBN 972-23-1772.

FERNANDES, I. XAVIER - *Questões da Língua Pátria. Coisas que as gramáticas não dizem e outras contra o que elas dizem*. 2.ª ed., Lisboa: Edição de Álvaro Pinto ('Ocidente'), 1949. Vol. I.

FERNANDES, I. XAVIER - *Questões da Língua Pátria. Coisas que as gramáticas não dizem e outras contra o que elas dizem*. Lisboa: Edição de Álvaro Pinto ('Ocidente'), 1947. Vol. II.

FERNANDES, José Pedro (dir.) - *Dicionário Jurídico da Administração Pública*. Lisboa,: S.e., 1991. ISBN 972-95523-3-9. (Com dedicatória do director da colecção). Vol. IV.

FERNANDES, José Pedro (dir.) - *Dicionário Jurídico da Administração Pública*. Lisboa: S.e, 1996. ISBN 972-95523-6-3. Vol. VII.

FERNANDES, Ricardo - *O Crime de Camarate*. Lisboa: Bertrand Editora, 1985.

FERREIRA, Alexandre - *Unbekannte portugiesische Merkantilisten. Inaugural Dissertation der hohen Juristischen Fakultät der Universität Bern zur Erlangungder Wüder eines Doctor rerum politicarum*. Bern: Arnaud Druck Bern, 1952.

FERREIRA, António - *A Castro: conforme a edição de 1598, com um prólogo por Mendes dos Remédios*. Coimbra: França Amado Editor, 1915.

FERREIRA, Godofredo - *A Mala-Posta em Portugal: Algumas notas para a sua História*. 2.ª ed., Lisboa: S.e., 1959.

FERREIRA, Godofredo - *Coisas e Loisas do Correio*. Lisboa: Edições CTT, 1955.

FERREIRA, Manuel António - *Balizas do Império*. Bastorá: Tipografia Rangel, 1938. (Com dedicatória do autor).

FERREIRA, Patrícia Magalhães; GUIMARÃES, Sérgio - *The European Union's Political and Development Response to Guinea Bissau. ECDPM Discussion Paper n. 30*. Maastricht: European Centre for Development Policy Management, 2001.

FERRER, Aldo; JAGUARIBE, Hélio - *Argentina y Brasil en la globalización ¿Mercosur o Alça?* Buenos Aires: Fondo de Cultura Económica, 2001. ISBN 950-557-405-3.

FIELDING, Henry - *Joseph Andrews*. London: J.M. dent, 1956.

FIGUEIREDO, João Pinto de - *A Morte de Mário de Sá-Carneiro*. Lisboa: Publicações Dom Quixote, 1983.

FIGUEIREDO, João Pinto de - *La Mort de Mário de Sá-Carneiro*. Paris: Éditions de la Différence 1992.

FIGUEIREDO, Pedro Afonso - *Formulário das Chancelarias Consulares*. Lisboa: Imprensa Nacional, 1878.

FILHO, Luís Viana - *A vida de Eça de Queiroz*. Porto: Lello & Irmãos, 1983.

FISCHER, Béat - *Dialogue Luso-Suisse*. *Essai sur les relations Luso-Suisses à travers les siècles*. Lisbonne: S.e., 1960.

FISHER, H. E.S. - *The Portugal Trade. A Study of Anglo-Portuguese Commerce 1700-1770*. London: Methuen, 1971.

FITZGERALD, Edward - *Rubàiyàt of Omar Khayyám*, S.l., s.e., 1947.

FITZGERALD, Edward - *The Rubáiyát of Omar Khayyám*. 5th ed., New York: Walter J. Black, 1942.

FLAUBERT, Gustave - *Madame Bovary*. New York: Pocket Book, 1948.

FLOWER, Ken - *Serving Secretly. An Intelligence Chief on Record Rhodesia into Zimbabwe 1964 to 1981*. London: John Murray, 1987. ISBN 0-7195-4438-6.

FONSECA, Álvaro Moreira da - *A ideação da Companhia Geral da Agricultura das Vinhas do Alto Douro*. Porto: Instituto do Vinho do Porto, 1955-1956.

FONSECA, Luís Adão - *O essencial sobre Bartolomeu Dias*. Lisboa: Imprensa Nacional Casa da Moeda, 1987.

FONTES, Manuel Athouguia Rocha - *Integração à Gestão Internacional*. Lisboa: Rei dos Livros, 1991.

FONTES, Martins - *Navegantes, Bandeirantes, Diplomatas. Um ensaio sobre a formação das fronteiras do Brasil*. São Paulo: Livraria Martins Fontes, 1999. ISBN 85-336-1166-8. (Com dedicatória do autor).

FORD, Henry - *The Story of Mary and Her little Lamb, as told by Mary and her Neighbours and Friends*. Dearborn: ed. Author, 1928.

Foreign Affairs, vol.68, nr. 4. New York: Council on Foreign Relations, 1989.

FOWLER, H. W. - *A Dictionary of Modern English Usage*. New York: Oxford University Press, 1950.

FRAGOSO, José Manuel - *A História Diplomática de Portugal*. Rio de Janeiro: Real Gabinete Português de Leitura, 1997. ISBN 9 788570 072917.

FRANÇA, António d'Oliveira - *Cartas Baianas (1821-1824): Subsídios para o estudo dos problemas da opção da independência brasileira*. Lisboa: Imprensa Nacional – Casa da Moeda, 1984. (Com dedicatória do autor).

FRANÇA, José Augusto - *O Romantismo em Portugal*. 2.ª ed., Lisboa: Livros Horizonte, 1993. ISBN 972-24-0841-0.

FRANCIS, A.D. - *The Methuens and Portugal 1691-1708*. Cambridge: Cambridge University Press, 1966.

François Quesnay et la Physiocratie. Paris: Institut National d'Études Démographiques, 1958.

FRANKLIN, Benjamin - *Autobiography, introduction and supplementary account of Franklin's latter life by W. Macdonald*. London: J.M. Dent, 1948.

FREIDEL, Frank; SHOWMAN, Richard - *Harvard Guide American History*. Harvard: Harvard Paperback, 1980. ISBN 9780674375550.

FREIRE, Anselmo Braamcamp - *O Conde de Villa Franca e a Inquisição*. Lisboa: [s.e.], 1899.

FREITAS, Gustavo - *A Companhia Geral do Comércio do Brasil (1649-1720). Subsídios para a História Económica de Portugal e do Brasil,Revista de História, n.os 6, 7 e 8*, S. Paulo: [s.e.], 1951.

FREITAS, Serafim de (Frei) - *Do Justo Império Asiático dos Portugueses, Introdução de Marcello Caetano e trad. de Miguel Pinto de Meneses*. Lisboa: Instituto de Alta Cultura, 1960. Vol. I.

FRERES, Christian; PACHECO, Katrina, (coord.) - *Nuevos horizontes andinos, escenarios regionales y políticos de la Unión Europea*. S.l.: Nueva Sociedad, 2002. ISBN 980-317--185-2.

FREUD, Esther - *Hideous Kinky*. New York: Penguin, 1999.

FREYRE, Gilberto - *O Luso e o Trópico*. Lisboa: Comissão Executiva das Comemorações do Quinto Centenário da morte do Infante D. Henrique, 1961.

FRIEDMAN, Thomas L. - *The Lexus and Olive Tree*. New York: Anchor Books, 2000.

FROSSARD, André - *«N'ayez pas peur!»: dialogue avec Jean-Paul II*. Montréal: Robert Laffont, 1982. ISBN 10 : 2221010752.

FROSSARD, André - *Le parti de Dieu: Lettre aux évêques*. Paris: Fayard, 1992. ISBN 2213030146.

FUNCK-BRENTANO, Frantz - *La Renaissance*. 32.ª ed., Paris: A. fayard, s.d.

FUNDAÇÃO CALOUSTE GULBENKIAN, (org.) - *Globalização, Desenvolvimento e Equidade*. Lisboa: Publicações Dom Quixote, 2001. ISBN 972-20-2001-3.

Fundamentos e Actualidade do Real Gabinete Português de Leitura, Edição Comemorativa do 140.º Aniversário da Fundação. Rio de Janeiro: Real Gabinete Português de Leitura, 1977. (Com dedicatória de António Gomes da Costa, Director do Real Gabinete Português de Leitura).

Futuro Da Defesa Nacional Num Novo Conceito Estratégico. Lisboa: Assembleia da República, 1991.

Gabinete de Documentação e Relacionamento Histórico-cultural de Portugal no Sudeste Asiático (1982-1985). Bangkok: Embaixada de Portugal na Thailand, s.d.

GAIO, Manuel da Silva - *Eça de Queiroz (carta)*. Coimbra: F. França Amado – Editor, 1919.

GALBRAITH, J.K. - *Les conditions actuelles du développement économique*. Paris: Editions Denöel, 1962.

GALBRAITH, John Kenneth - *Ambassador's Journal: A personal Account of the Kennedy Years*. Boston: Houghton Mifflin Company, 1969.

GALBRAITH, V.N.; MYNORS, Sir Roger; BROOKE, C.N.L. (Eds) - *Scripta Leonis, Rufini et Angeli Sociorum S. Franciscis. The writings of Leo, Rufino and Angelo companions of St. Francis*. Oxford, Oxford Medieval Texts, s.d.

GAMA, Jaime - *Política Externa Portuguesa 1983-1985*. Lisboa: MNE, 1985.

GAMA, Jaime - *Política Externa Portuguesa 1995-1999*. Lisboa: MNE, 1999. (dois exemplares).

GAMA, Jaime - *Política Externa Portuguesa 1999-2002*. Lisboa: MNE, 2002.

GARCIA, José Luís; ROVISCO Maria Luísa; ALMEIDA, Cristina Matos; LOPES, José Carvalho - *A Emigração Portuguesa: Uma Breve Introdução*. Lisboa: Ministério dos Negócios Estrangeiros, 1998.

GARCÍA MÁRQUEZ, Gabriel - *Love in Time of Cholera*. New York: Penguin Books, 1989. ISBN 01401.1990 6.

GARDE, Paul - *Vie et mort de la Yougoslavie*. Paris: Fayard, 1992,

GARRETT, Almeida – *Adozinda*. Porto: Manuel Barreira Editor, 1963.

GARRET, Almeida – *Camões*. 2.ª ed., Porto: Domingos Batalha, s.d.

GARRETT, Almeida - *Folhas Caídas: introdução por Maria Ema Tarracha Ferreira*, Lisboa. Ulisseia: 1991.

GARRETT, Almeida - *Frei Luís de Sousa: Um Auto de Gil Vicente.* Porto: Livraria Lello, s.d.

GARRETT, Almeida - *Frei Luís de Sousa.* S.l. Livros de Bolso Europa-América, 1987.

GARRETT, Almeida - *O Alfageme de Santarém: D. Filipa de Vilhena.* Porto: Livraria Lello, s.d..

GARRETT, Almeida - *Romanceiro.* Lisboa: Editorial Estampa, 1983. Vol. I.

GARRETT, Almeida – *Romanceiro.* Lisboa: Editorial Estampa, 1983. Vol. II.

GARRETT, Visconde de Almeida - *Discursos Parlamentares: Memórias Biographicas.* Lisboa: Imprensa Nacional, 1871.

GENET, Raoul - *Traité de Diplomatie et de Droit Diplomatique.* Paris: A. Pedone, Éditeur, 1932. Tome III.

Géopolitique des drogues 1995: Rapport annuel de l'OGD - Observatoire Géopolitique des Drogues. Paris: Èditions La Découverte, 1995. ISBN 2-7071-2450-8.

GIBBON, Edward - *The History of the decline and fall of the Roman Empire.* S.l.: Penguin Classics, 1995. Vol. I. ISBN 0679-42308-7.

GIBBON, Edward - *The History of the decline and fall of the Roman Empire.* S. l.: Penguin Classics, 1995. Vol. I. ISBN 0679-42308-7.

GIBBON, Edward - *The History of the decline and fall of the Roman Empire.* S.l.: Penguin Classics, 1995. Vol. II. ISBN 0679-42308-7.

GIBBON, Edward - *The History of the decline and fall of the Roman Empire.* S.l.: Penguin Classics, 1996. Vol. III. ISBN 9780140433944.

GIBS, Philip - *The Russian Diary of an Englishman, Petrograd, 1915-1917.* London: William Heinemann, s.d. (Com dedicatória)

GIDE, Charles; RIST - Charles, *Histoire des Doctrines Économiques,* 7éme édition, Paris: Sirey, 1959.

GIGNOUX, Claude-Joseph - *L'Après-guerre et la Politique Commercial.* Paris: Librairie Armand Colin, 1924.

GIL, Augusto - *Avena Rústica.* Lisboa: Livraraia Editora Guimarães, s.d.

GILSON, Étienne - *La philosophie au moyen age: Des origines patristiques à la fin du XIV siècle.* Paris: Payot, 1952.

GIRARD, Alberto Arthur Alexandre - *Elogio Académico de Sua Majestade El Rei O Senhor D. Carlos I.* Lisboa: Academia Real das Sciencias de Lisboa, 1909.

GODINHO, Vitorino Magalhães - *Mito e Mercearia: Utopia e Prática de Navegar Séculos XIII-XVIII.* Lisboa: Difel, 1990. ISBN 972-29-0043-9.

GODINHO, Vitorino Magalhães - *Prix et Monnaies au Portugal, avant-propos de Lucien Febvre.* Paris: Librairie Armand Colin, 1955.

GOETHE, Wolfgang - *Les Souffrances du Jeune Werther.* Paris: Éditions Cluny, 1941.

GOMES, Duarte - *Discursos sobre los commercios de las dos Indias.* Lisboa: S.e., 1943.

GOMES, Luísa Costa - *Contos Outra Vez.* Lisboa: Edições Cotovia, 2001. ISBN 84-8130-283-7.

GONÇALVES, Eduardo Cândido Cordeiro - *Ressonâncias em Portugal da Implantação da República no Brasil (1889-1895).* Porto: Reitoria da Universidade do Porto, 1995. (Com dedicatória do autor).

GONÇALVES, Eduardo Cordeiro - *A Implantação da República no Brasil e as Relações Diplomáticas com Portugal.* Maia: ISMAI, 2000. (Com dedicatória do autor).

GONÇALVES, Eduardo Cordeiro - *O Círculo Católico de Operários do Porto e o Catolicismo Social em Portugal (1898-1910).* Porto: CCOP, 1998. (Com dedicatória do autor).

GONÇALVES, José Júlio - *Portugal no Mundo*. Lisboa: Sociedade de Geografia de Lisboa, 1967. (Com dedicatória do autor).

GONNARD, Rene - *Histoire des Doctrines Économiques*. Paris: Librairie Générale de Droit et de Jurisprudence, 1943.

GONZAGA, Tomás António - *Tratado de Direito Natural: Carta sobre a usura –minutas- -correspondência-documentos*. Rio de Janeiro: Ministério da Educação e Cultura/Instituto Nacional do Livro, 1957.

GORJÃO-HENRIQUES, Miguel - *Direito Comunitário*. Coimbra: Almedina, 2001. (Com dedicatória do autor).

GOUVEIA, José Eduardo de Melo; ARMENGOL, Pedro Ortiz - *Europe and South East Ásia*. Bangkok: Press & Informations Services of the European Commission in South-East Ásia, 1986.

Gramática da Língua Portuguesa: S.l.: s.e. s.d. (Mau estado conservação, sem capa. Dedicatória do Pai de Calvet de Magalhães ao filho).

GRAUBARD, Stephen R. - *Kissinger, portrait of a mind*. New York: Norton, 1973. ISBN 0-393-05481-0.

GREELEY, Andrew M. - *Ascent Into Hell*. New York: Bernard Ges Associates Book, 1983.

GRIMAL, Pierre - *Mémoires D'Agrippine*. Paris: Editions de Fallois, 1992.

GRISHAM, John - *The Firm*. New York: Dell Publishing, 1991. ISBN 0-440-21145-X.

GUEDES, A.P.de Miranda – *Macau: As obras do porto e a política chineza*. Porto: Empreza Guedes, 1920.

GUERRA, Ruy Teixeira; FREIRE, António de Siqueira; MAGALHÃES, José Calvet de - *Os Movimentos de Cooperação e Integração Europeia no Pós-Guerra e a Participação de Portugal nesses Movimentos*. Lisboa: I.N.A., 1981.

Guia da Bibliografia Histórica Portuguesa. Lisboa: Academia Portuguesa da História, 1959. Vol. I, fasc. 1.

GUIMARÃES, Ana Cristina (dir.) - *Comércio Externo Português: Análise estatística 1990*. Lisboa: Instituto do Comércio Externo de Portugal, 1992.

GUITTON, JEAN - *Portraits et Circonstances*. Paris: Desclée de Brouwer, 1989. ISBN 2-220- -03073-3.

GUNTHER, John - *Inside Europe today*. New York: Harper & Brothers, 1961.

HALL, Ben; BHATT, Ashish - *Policing Europe: EU Justice home affairs co-operation*. London: Centre for European Reform (CER), 1999. ISBN 1-901229-13-0.

HAMILTON, Alexander; JAY, John; MADISON, James - *The Federalist: A commentary on the constitution of the United States, with an introduction by Edward Mead Earle*: New York, The Morden Library, s.d.

HAMMOND, R.J. - *Portugal and Africa 1815-1910: A study in uneconomic imperialism*. Stanford California: Stanford University Press, 1966.

Hammond's Complete World Atlas - New York: C.S. Hammond, 1961.

HANKEY, Lord - *Diplomacy by Conference: Studies in public Affairs 1920-1946*. London: Ernest Benn Limited, 1946.

HAO, Zhixiang - *China Belongs to the Chinese People*. Shanghai: The Commercial Press Limited, 1948.

HARCOURT, François d' - *L'Afrique à L'Heure H*. Paris: Gallimard, 1960.

HARRIS, Robert - *Fatherland*. London: Hutchinson, 1992. ISBN 0-09-174827-5.

HECKSCHER, Eli F. – *Mercantilism, edition revised and edited by E.F. Söderlund*. New York: The Macmillian Company, 1955.

HEDEGAARD, Lars - *Bosnia and the West. A Hearing 15-16 January 1996*. Copenhagen: The Danish Foreign Policy Society, 1996. ISBN 87-89499-12-3.

HELLER, Joseph - *Something Happened*. London: Corgi, 1985. ISBN 0-552-10220-2.

HERBERT, Susan - *The Cosmopolita Opera*. Boston: Bulfinch Press Book, 1997. ISBN 0821224352.

HERRIGEL, Gust L. - *La Voie des Fleurs. Le Zen dans l'Art Japonais des composition florales*. Derain: Lyon, 1957.

HERRIOT, James - *All Creatures Great and Small*. 17.ª ed. New York: Bantam Book, 1975.

HERSH, Seymour M. - *The price of Power. Kissinger in the Nixon White House*. New York: Simon & Schuster, 1983. ISBN 0-671-44760-2.

HERSH, Seymour - *The Samson Option: Israel's Nuclear Arsenal and American Foreign Policy*. New York: Random House, 1991. ISBN 0-394-57006-5.

HIGHTOWER, Jim - *Thieves in High Places: They've stolen our country and it's time to take it back*. New York: Penguin Group, 2003. ISBN 0-670-03141-0.

HIRSCHMAN, Albert O. - *As paixões e os interesses: Argumentos políticos para o capitalismo antes do seu triunfo*. Lisboa: Bizâncio, 1997. ISBN 972-53-0002-5.

Hispanic American Historical Review. Pittsburg: Duke University Press, 1940. Vol XX, n.º 3.

História Mundial da Arte: Do Barroco ao Romantismo. Lisboa: Livraria Bertrand, 1966. Vol. 4.

HOBBES - *Leviathan, introduction by A.D. Lindsay*. London: J.M. Dent & Sons LTD, 1959.

HOFSTADTER, Douglas R. - *Le Ton beau de Marot: In Praise of the Music of Language*. New York: Basic Books, 1997. ISBN 0-465-08645-4. (Com dedicatória da neta ao avô).

HOWATCH, Susan - *Glittering Images*. New York: Alfred A. Knopf, 1987.

HOWORTH, A. H. D'Araújo Stott - *A Batalha de Aljubarrota (Dúvidas, certezas e probabilidade militar inerente)*. Lisboa: S.e., 1960. (Com dedicatória do autor).

HOWORTH, A.H. d'Araújo Stott - *A Aliança Luso-Britância e a Segunda Guerra Mundial*. Lisboa: Empresa Nacional de Publicidade, 1956. (Com dedicatória do autor).

HUGO, Victor - *Ruy Braz: Drama histórico em cinco actos; imitado em prosa por Eduardo Faria*. Lisboa: Imprensa Nacional, 1840.

HUMBERT, Jacques - *Une grande entreprise oubliée: Les Français en Savoie sous Louis XIII*. Paris: Hachette, 1960.

HUNT, Ignatius, O.S.B. - *Understanding the Bible*. New York: Sheed and Ward, 1961.

HUSSEIN, Noor - *Memórias de uma vida inesperada*. Lisboa: Bizâncio, 2003. ISBN 972-53--0222-2.

HUTTON, Edward - *Saint Francis of Assisi*. New York: Longmans, Green and CO., 1950.

ILF, Ilya; PETROV, Evgeny - *The Twelve Chairs*. London: Sphere Books Edition, 1971.

In Memoriam de General Manuel Freire Themudo Barata (1919-2003). Lisboa: Academia Portuguesa da História, 2005. ISBN 972-624-157-X.

Índice dos principais assumptos contidos nos 756 codices manuscriptos da collecção Pombalina. Lisboa: Biblioteca Nacional, s.d. (Exemplar em mau estado de conservação).

INSTITUT NATIONAL D'ÉTUDES DEMOGRAPHIQUES - *Économie et population: les doctrines françaises avant 1800. Bibliographie Générale Commentée*. Paris: Presses Universitaires de France, 1956. Cahier n.º 28.

INSTITUTO DE FILOSOFIA LUSO-BRASILEIRA (org.) - *O pensamento de Miguel Reale. Actas do IV Colóquio Tobias Barreto, prefácio de Defensor Moura*. Viana do Castelo: Câmara Municipal de Viana do Castelo, 1998. ISBN 972-588-095-1.

Instruções Inéditas de D. Luís da Cunha a Marco António de Azevedo Coutinho. Coimbra: Imprensa da Universidade, 1930.

IRIA, Alberto - *Estudos Henriquinos*. Lisboa: Academia Portuguesa da História, 1989.

IRVING, Clive – *Comrades*. New York: Villard Books, 1986. (Em muito mau estado de conservação)

ISAAC, Jules - *Genèse de l'Antisémitisme: Essai historique*. Paris: Calmann Lévy, 1956. ISBN 0-385-49934-5.

Italian-English/English-Italian Dictionary. S.l.: Collins, 1982.

IUNG, Nicolas - *Un Franciscain, Théologien du Pouvoir Pontifical au XIV Siècle – Alvaro Pelayo, Evêque et Pénitencier de Jean XII*. Paris: Librairie Philosophique J. Vrin, 1931.

J.M.F. DE C. - *Collecção de Varios Escritos Ineditos politicos e Literarios de Alexandre de Gusmão, Conselheiro do Conselho Ultramarino e Secretário Privado d'El Rei Dom João Quinto*. Porto: Tipografia de Faria Guimarães, 1841.

JACKSON, Sir Geoffrey - *Concorde Diplomacy: The Ambassador's role in the World Today*. London: Hamish Hamilton, 1981. ISBN 0-241-10524 2. (Com dedicatória do autor).

JAGUARIBE, Hélio - *Um Estudo Crítico da História*. São Paulo: Editora Paz e Terra S.A., 2001. Vol. I. ISBN 85-219-0385-5.

JAGUARIBE, Hélio - *Um Estudo Crítico da História*. São Paulo: Editora Paz e Terra, 2001. ISBN 85-219-0385-5. Vol. II.

JAMES, Émile - *Histoire Sommaire de la Pensée Économique*. Paris: Éditions Montchrestien, 1959.

JANEIRA, Armando Martins - *Figuras de Silêncio. A tradição cultural portuguesa no Japão de hoje*. Lisboa: Junta de Investigações Científicas do Ultramar, 1981. (Com dedicatória).

JANEIRA, Armando Martins - *L'Oriente ne "I Lusiadi"*. Roma: Accademia Nazionale Dei Lincei, 1977. (Com dedicatória do autor).

Jerusalem Bible. London: Darton, Longman & Todd, 1966.

JESUS, C.A. Montalto - *Historic Macao: International Traits in China Old and New. 2nd ed.*, s.l.: Salesian Printing Press Tipografia Mercantil, 1926.

JESUS, Manuel Filipe Correia de - *Comunidades Portuguesas: Uma política para o futuro*. Lisboa: MNE, 1990. (Com dedicatória do autor).

João Paulo II nos Açores: Encíclicas de Sua Santidade o Papa João Paulo II. Angra do Heroísmo: Eurosigno Publicações, 1991. ISBN 972-691-027-7.

JOERGENSEN, Johannes - *Saint François d'Assise: Sa vie et son œuvre*, trad. du danois par Teodor de Wyzewa. Paris: Librairie Académique Perrin, Éditeur, 1949.

JOHN PAUL II - *Crossing the Threshold of Hope*. New York: Alfred A. Knopf, 1995. ISBN 0-679-76561-1.

JOHNSON, Gerald W. - *The incredible tale. The Odyssey of the Average American in the Last Half Century*. New York: Harper & Brothers Publishiers, 1950.

JOPP, Mathias; LIPPERT, Barbara; SCHNEIDER, Heinrich, (hrsg) - *Das Vertragswerk von Nizza und die Zukunft Europäischen Union*. Bonn: Institut für Europäische Politik Europa Union Veriag, 2001. ISBN 3-7713-0601-9.

Jornadas de História da Espanha e de Portugal, 1as, 25 a 27 de Maio de 1988. Lisboa: Academia Portuguesa da História, 1990.

Journal of the American Portuguese Society. New York: S.e., 1977. Vol. XI, n.º 1.

Journal of the American Portuguese Society. New York: S.e., 1977. Vol. XI, n.º 2.

JOUVENEL, Bertrand - *De la Politique Pure.* Paris: Calmann-Lévy, 1963.

K. M., Ambrose Galvin - *Home Care of the Aged Confined to Bed (where a trained nurse is unnecessary).* S.l.: Australian Association of the Sovereign Military and Hospitaller Order of Malta, 1997.

KANT, Immanuel - *Crítica da Razão Pura. Trad. Manuela Pinto dos Santos e Alexandre Fradique Mourjão, introdução e notas Alexandre Fradique Mourjão,* 5.ª ed., Lisboa: Fundação Calouste Gulbenkian, 2001. ISBN 972-31-0623-X.

KELSEN, Hans - *Teoria General del Estado.* Barcelona: Editorial Labor, 1934.

KENDRICK, T.D. - *The Lisbon Earthquake.* New York: J.B. Lippincott, 1957.

KENNAN, George F. - *American Diplomacy 1900-1950.* New York: New American Library, 1951.

KENNAN, George F. - *Memoirs 1925-1950.* New York: Pantheon Books, 1983. ISBN 0-394--71624-8. Vol. I.

KENNAN, George F. - *Memoirs 1950-1963.* New York: First Pantheon Paperback Edition, 1983. ISBN 0-394-71626-4.

KENNEDY, Paul - *Grand Strategies in War and Peace.* New York: Yale University Press, 1991. ISBN 0-300-04944-7.

KENNEDY, Paul - *Preparing for the twenty-first century.* New York: Random House, 1993. ISBN 0-394-58443-0.

KIERKEGAARD, Sören - *Le Concept d'Angoisse.* Paris: Librairie Félix Alcan, 1935.

KING, Peter - *Modern World Affairs: Made Simple.* London: Heinemann, 1984. ISBN 0434985821.

KLAWE, Janina Zofia - *As Repercussões dos Descobrimentos portugueses nas obras de autores do século das luzes. Edição de José Martins,* 2.ª ed., Lisboa: S.e., 1996. ISBN 972-06736-6-X.

KLEFFENS, E. N. Van - *Portugal, berço duma organização atlântica eficaz.* Lisboa: ACL, 1952. (Com dedicatória do autor).

KOVAÉ, Nikola - *Bosnie, le prix de la paix.* Paris: Édition Michalon, 1995. ISBN 2-84186--023-X.

KRISTENSEN, Thorkil - *The Economic World Balance.* Copenhagen: Munksgaard, 1960.

KRULIC, Joseph - *Histoire de la Yougoslavie de 1945 a nos jours – questions au XXᵉs.* Bruxelles: Editions Complexe, 1993. ISBN 2-87027-481-5.

L'Attività della Santa Sede 1974. Roma: Santa Sede, 1974.

L'Attività della Santa Sede 1978. Roma: Santa Sede, 1978.

L'OECE au service de l'Europe: Les activités de l'Organisation Européenne de Coopération Economique. 3ᵉᵐᵉ éd., Paris: OECE, 1956.

LACY, Dan - *Books and the Future: A Speculation.* New York: The New York Public Library, 1956.

LAFFONT, Robert - *Northcote Parkinson: 1=2 ou les règles d'or de Monsieur Parkinson.* Paris: Chantenay, 1958.

LAKER, Rosland - *The Sugar Pavilon.* New York: Doubleday, 1994. ISBN 0-385-46826-1.

LALL, Arthur - *Modern International Negotiation.* New York: Columbia University Press, 1966.

LAMAS, Arthur - *A Casa-Nobre de Lázaro Leitão no sitio da Junqueira*. Lisboa: Imprensa Lucas, 1925.

LAURSEN, Finn; VANHOONACKER, Sophie, (coords) - *The Intergovernmental Conference on Political Union: Institutional Reforms, New Policies and International Identity of the European Community*. Maastricht: European Institute of Public Administration, 1992. ISBN 90-6779-066-4.

LAURSEN, Finn; VANHOONACKER, Sophie, (coords) - *The Ratification of the Maastricht Treaty: Issues, Debates and Future Implications*. Maastricht: European Institute of Public Administration, 1994. ISBN 90-6779-085-0.

LEAL, A. Costa - *Requisitos para uma política de desenvolvimento económico*. S.l.: s.e., s.d. Separata da Revista de Economia. Vol.XI, Fasc. II. (Com dedicatória do autor).

LEAL, Cunha - *Coisas do Tempo Presente: A Pátria em Perigo*. 2.ª ed., Lisboa: Edição do Autor, 1962.

LEAL, Cunha - *Coisas do Tempo Presente. Coisas da Companhia de Diamantes de Angola (DIAMANG), com a colaboração jurídica de Artur da Cunha Leal*. Lisboa: Edição do Autor, 1957.

LEAL, Thomaz d'Eça - *Eça de Queiroz: menino e moço*. Lisboa: s.e., 1954.

LEBRE, António - *Eça em Verdemilho e a sua vida*. Aveiro: edição do autor, 1962.

Legislação. Lisboa: MNE, 1974.

LEITE, João Pinto da Costa - *Economia Política*. Coimbra: Faculdade de Direito da Universidade de Lisboa, 1963. Vol. I.

LEITE, João Pinto da Costa - *Economia Política*. Coimbra: Faculdade de Direito da Universidade de Lisboa, 1966. Vol. II. (Com dedicatória do autor).

LEKACHMAN, Robert - *Histoire des Doctrines Économiques: De l'Antiquité a nos Jours, trad. de l'anglais par B. de Zélicourt*. Paris: Payot, 1960.

LEMOS, Mário Matos e - *Um Vespertino do Porto*. S.l.: Edição de autor, s.d. (Com dedicatória do autor).

LEMOS, Mário Matos - *25 de Abril: uma síntese e uma perspectiva*. Lisboa: Editorial Notícias, 1994. ISBN 972-46-06-35-X. (Com dedicatória do autor).

LEMOS, Mericia - *Horas sem Tempo*. Lisboa: Editora Lux, 1962. (Este exemplar foi impresso especialmente para Linda e José Calvet de Magalhães. Com dedicatória da autora).

LEMOS, Viana de - *Duas Crises 1961 e 1974*. Lisboa: Edições Nova Gente, 1977.

Les Mémoires de Fouché, introduction et notes par Louis Madelin. Paris: Flammarion, 1955.

LESSA, Almerindo; RUFFIÉ, Jacques - *Seroantropologia das ilhas de Cabo Verde. Mesa--redonda sobre o Homem Cabo-Verdiano*. 2.ª ed., Lisboa: Junta de Investigações do Ultramar, 1960. (Com dedicatória do autor).

LÉVY, Bernard-Henri - *Les Aventures de la Liberté*. Paris: GRASSET, 1991. ISBN 224630119 9782246430117.

LEWIS, Richard D. - *Linguarama 2000: Deutsch*. Lisboa: Livraria Popular de Francisco Franco, s.d.

LIMA, Archer de - *Eça de Queiroz: Diplomata*. Lisboa: Portugália, s.d.

LIMA, Henrique de Campos Ferreira - *Estudos Garretteanos*. Porto: Imprensa Portuguesa, 1926. Separata da Revista de História, vol. XIV (Com dedicatória do autor ao Dr. Laranjo Coelho).

LIMA, Henrique de Campos Ferreira - *Garrett e o Porto*. Porto: 1940. (Com dedicatória)

LIMA, Oliveira - *Dom João VI no Brasil (1808-1821), prefácio de Octávio Tarquino de Sousa.* 2.ª ed. Rio de Janeiro: Livraria José Olympio Editora, 1945. 1.º vol.

LIMA, Oliveira - *Dom João VI no Brasil (1808-1821), prefácio de Octávio Tarquino de Sousa, Rio de Janeiro.* Rio de Janeiro: Livraria José Olympio Editora, 1945. 2.º vol.

LIMA, Oliveira - *Dom João VI no Brasil (1808-1821), prefácio de Octávio Tarquino de Sousa.* 2.ª ed. Rio de Janeiro: Livraria José Olympio Editora, 1945. 3.º vol.

LIN, Yutang - *My Country and My People.* New York: The John Day Company, 1939.

ZACHARY, G. Pascal - *Endless Frontier.* New York: The Free Press, 1997. ISBN 0-684-82821-9.

LIPINER, Elias - *Os judaizantes nas capitanias de cima.* S.l.: Editora Brasiliense, 1969.

Listes des membres des délégations nationales auprès de l'Organisation Européenne de Coopération Economique: Missions Permanentes. Paris: OECE, 1955.

Listes des membres des délégations nationales auprès de l'Organisation Européenne de Coopération Economique: Missions Permanentes. Paris: OECE, 1957.

Listes des membres des délégations nationales près l'Organisation de Coopération et de Développement Économiques: Missions Permanentes et Secrétariat. Paris: OCDE, 1963.

LIVERMORE, H.V. - *A New History of Portugal.* Cambridge: Cambridge University Press, 1969.

Livro das Igrejas e Capelas do Padroado dos Reis de Portugal 1574, com introdução de Joaquim Veríssimo Serrão. Paris: Fundação Calouste Gulbenkian/Centro Cultural Português, 1971. (Com dedicatória de Joaquim Veríssimo Serrão).

LOBATO, Gervásio - *Lisboa em Camisa.* 11.ª ed., Lisboa: Parceria António Maria Pereira, 1923.

LOBO, F. M. da Costa - *A acção diplomática dos portugueses nos séculos XV e XVI, destinada à realização de descobertas e conquistas.* Lisboa: I Congresso da História da Expansão Portuguesa no Mundo, 5.ª Secção, 1957. (Com agradecimento pela colaboração prestada através da OECE. Assinado Eduardo, Porto, 17 Nov. 1959).

LOBO, R. Haddock - *Pequena História da Economia.* 2.ª ed., S. Paulo: Livraria Martins Editora, 1964.

LOCKE, John - *Two treatises of Civil Government.* London: J.M. Dent & Sons LTD, 1960.

London. London: Les guides Gault-millau, s.d.

LOURENÇO, Eduardo - *Nós e a Europa ou as duas razões.* 2.ª ed., Lisboa: Imprensa Nacional - Casa da Moeda, 1988.

LOZOYA, Jorge Alberto, *et al.* - *Miel de la Piedra.* Barcelona: Lunwerg, 2003. ISBN 84-9785- -004-1.

LUCIFERO, Falcone (a cura di) - *Il Re Dall'Esilio.* Milano: SM editore, 1978. (Com dedicatória do coordenador da obra).

LUÍS, Agustina Bessa - *Eugénia e Silvina.* 2.ª ed., Lisboa: Guimarães Editores, 1990.

LUÍS, Agustina Bessa - *Fanny Owen.* Lisboa: Guimarães Editores, s.d. (Com dedicatória)

LUÍS, Agustina Bessa - *O Comum dos Mortais.* Lisboa: Guimarães Editores, 1998.

LUNA, Carlos - *Nos Caminhos de Olivença.* Estremoz: edição de autor, 1994. (Com dedicatória do autor).

M.A., Colin Clark - *The Conditions of Economics Progress.* London: Macmillan, 1957.

MACE, C.A. - *The Psychology of Study.* Middlesex: Penguin Books, 1968.

MACEDO, Jorge Borges de - *O Mercantilismo em Portugal.* Lisboa: S.e., 1966.

MACEDO, Jorge Borges de - *Portugal um Destino Histórico*. Lisboa: Academia Portuguesa da História, 1990.

MACEDO, Jorge Borges - *História Diplomática Portuguesa: Constantes e linhas de Força: Estudo de Geopolítica*. Lisboa: Instituto de Defesa Nacional, s.d.

MACEDO, Luiz Pastor de - *Lisboa de lés-a-lés: Subsídios para a História das vias públicas da Cidade*. 2.ª ed., Lisboa: CML, 1955. Vol.I.

MACEDO, Luiz Pastor de - *Lisboa de lés-a-lés: Subsídios para a História das vias públicas da Cidade*. Lisboa: CML, 1942. Vol. III.

MACEDO, Luiz Pastor de - *Lisboa de lés-a-lés: Subsídios para a História das vias públicas da Cidade*. 2.ª ed., Lisboa: CML, 1960. Vol.II.

MACEDO, Luiz Pastor de - *Lisboa de lés-a-lés: Subsídios para a História das vias públicas da Cidade*. Lisboa: CML, 1943. Vol. V.

MACHADO, Manuel de Sá - *Para uma Comunidade Luso-Brasileira*. Lisboa: Sociedade de Geografia de Lisboa, 1973. (Com dedicatória do autor).

MACHADO, Maria Staack Reis (org.) - *Correspondência entre Antero de Quental e Jaime Batalha Reis*. Lisboa: Assírio e Alvim, 1982.

MACHETE, Rui Chancerelle de - *Estudos de Direito Público e Ciência Política*. S.l., Fundação Oliveira Martins / Centro de Estudos Administrativos, 1991. (Com dedicatória do autor).

MACHIAVEL - *Oeuvres Complètes, texte présenté et annoté par Edmond Barincou et introduction par Jean Giono*. Paris: Gallimard, 1952.

MADELIN, Louis - *Fouché 1759-1820*. Paris: Plon, 1941.

MADELIN, Louis – *Talleyrand*. Paris: Flammarion, 1944.

MAECEDO, Jorge - *O Bloqueio Continental: Economia e Guerra Peninsular*. Lisboa: Delfos, 1962.

MAGALHÃES, E. C.; COSTA, F. Carvalho; MAGALHÃES, M. M. Calvet de - *TVP: Técnicas de Venda e Publicidade*. Porto: Manuel Barreira Editor, 1959. (Edição numerada e assinada pelos autores. Este exemplar tem o nr. 02423).

MAGALHÃES, Félix Pereira de - *I: Vinhos do Douro (Comércio e Agricultura): II: A Restauração da Coroa de D. Maria II (Apontamentos para a História Diplomática de 1826 a 1834), apresentação de Fernando Aguiar-Branco e prefácio de Jorge Fernandes Alves*. Porto: Fundação Eng. António de Almeida, 1999. ISBN 972-8386-28-1. (Com dedicatória de Fernando Aguiar-Branco).

MAGALHÃES, José Calvet de - *História do Pensamento Económico em Portugal, da Idade Média ao Mercantilismo*. Coimbra: Faculdade de Direito da Universidade de Coimbra, 1967.

MAGALHÃES, José Calvet - *Manual Diplomático. Direito diplomático: Prática diplomática*. Lisboa: MNE, 1985.

MAGALHÃES, José Calvet - *Manual Diplomático: Direito diplomático: Prática diplomática*. 2.ª ed., Lisboa: MNE, 1991.

MAGALHÃES, José Calvet - *Portugal and the Independence of the United States*. Lisboa: MNE, 1983.

MAGALHÃES, Manuel de Faria Calvet - *Como falar e escrever correctamente o português*. Porto: Livraria Simões Lopes de Manuel Barreira, s.d.

MAGALHÃES, Theresa Calvet de - *Filosofia Analítica: de Wittgenstein à redescoberta da Mente*. Belo Horizonte: UFMG, 1997. (Com dedicatória da autora que é sobrinha de Calvet de Magalhães).

MALET, A.; ISAAC, J. - *XIVe, XVe, XVIe Siècles*. Paris: Librarie Hachette, 1932.

MALVESTITI, Piero - *Les Sources d'Énergie et les Révolutions Industrielles*. S.l.: CECA, 1961.

MANDEL, Ernest - *La formation de la pensée économique de Karl Marx*. Paris: François Maspero, 1967.

MARCHUETA, Maria Regina - *A CPLP e seu enquadramento*. Lisboa: MNE, 2003. ISBN 972-9245-36-3.

MARCO, Visconde do - *O Conde Burnay: o Chiado e a Casa Havaneza*. Lisboa: s.e., 1972.

Marcus Aurelius and his times: The Transition from paganism to Christianity, with an introduction by Irwin Edman. New York: Walter J. Black, 1945.

MARQUES, Helena - *A Deusa sentada*. Lisboa: Publicações Dom Quixote, 1994. ISBN 972-20--1198-7.

MARQUEZ DO FUNCHAL - *O Conde de Linhares, Dom Rodrigo Domingos António de Sousa Coutinho*. Lisboa: edição de autor, 1908. (Oferta de Espedito de Resende, Embaixador do Brasil).

MARRET, Jean-Luc - *Terrorisme: Les Stratégies de Communication*. Paris: Fondation pour la Recherche Stratégique par le C2SD, 2003.

MARTEL, Sir Giffard - *East Versus West*. London - Museum Press Limited, 1952.

MARTIN, Edwin McC. - *Conference Diplomacy a Case Study: The World Food Conference Rome, 1974, foreword by Dean Peter F. Krogh*. Georgetown: Institute for the Study of Diplomacy Edmund A. Walsh School of Foreign Service of Georgetown University, 1979. ISBN 093472014.

MARTIN, Laurence W. - *Diplomacy in Morden European History*. New York: The Macmillan Company, 1966.

MARTINEZ, Pedro Soares - *No 1.º Centenário do Nascimento do Embaixador José Carlos de Macedo Soares*. Lisboa: Academia Portuguesa da História, 1989. Separata dos "Anais", II Série, vol. 32, tomo I, (Com dedicatória do autor).

MARTÍNEZ, Soares - *Economia Política*. Coimbra: Almedina, 1989. (Com dedicatória do autor).

MARTINS, Afonso d'Oliveira - *Textos Básicos de Direito do Mar*. Lisboa: AAFDL, 1991. (Com agradecimento do autor).

MARTINS, Ana Maria - *Antero de Quental: A Década dourada de Vila do Conde (1881-1891)*. Vila do Conde: Câmara Municipal de Vila do Conde, 1993. ISBN 972-9453-12-8.

MARTINS, J. P. Oliveira - *As Eleições*. 2.ª ed., Lisboa: Logos, 1946.

MARTINS, J. P. Oliveira - *Portugal Contemporâneo*. 6.ª ed., Lisboa: Parceria António Maria Pereira Livraria Editora, 1925. Tomo I.

MARTINS, J. P. Oliveira - *Portugal Contemporâneo*. 6.ª ed. Lisboa: Parceria António Maria Pereira Livraria Editora, 1925. Tomo II.

MARTINS, Oliveira – *Camões*. Lisboa: Guimarães Editores, 1952.

MARTINS, Oliveira - *Economia e Finanças*. Lisboa: Guimarães Editores, 1956.

MARTINS, Oliveira - *Fomento Rural e Emigração*. 3.ª ed., Lisboa: Guimarães Editores, 1994. ISBN 978-972-665-389-9.

MARTINS, Oliveira - *História da Civilização Ibérica, prefácio de Fidelino de Figueiredo*. Lisboa: Guimarães Editores, 1954.

MARTINS, Oliveira - *História da República Romana*. 7.ª ed., Viseu: Guimarães Editores, 1987.

MARTINS, Oliveira - *História da República Romana*. Viseu: Guimarães Editores, 1987. Vol.II.

MARTINS, Oliveira - *História de Portugal, edição revista e anotada por J. Franco Machado*. Lisboa: Guimarães Editores, 1951. Vol. I.

MARTINS, Oliveira - *História de Portugal, edição revista e anotada por J. Franco Machado*. Lisboa: Guimarães Editores, 1951. Vol. II.

MARTINS, Oliveira - *O Brasil e as Colónias Portuguesas*. Lisboa: Guimarães Editores, 1978.

MARTINS, Oliveira - *Política e economia nacional*. Lisboa: Guimarães Editores, 1954.

MARTINS, Raul François - "Acerca do conceito de estratégia". S.l.: s.e., 1984. *Nação e Defesa*, n.º 29.

MARTINS, Rocha - *D. Manuel II: História do seu Reinado e da Implantação da República, Fascículo-specimen*. Lisboa: Oficinas do ABC, 1931.

MARTINS, Rocha - *Os Românticos Antepassados de Eça de Queiroz*. Lisboa: Editorial Inquérito, 1945.

MARTINS, Rogério - *Tempo Moderno*. Lisboa: Edição de autor, 1973. (Com dedicatória do autor).

MARTINS, Vítor - *Encontros com a Europa II*. Lisboa: Imprensa Nacional Casa da Moeda, 1995. (Com dedicatória do autor).

MARTINS, Wilson - *História da Inteligência (1550-1794)*. 3.ª ed., São Paulo: Editora Cultrix / Editora da Universidade de São Paulo, 1978. Vol.I.

MARTINS, Wilson - *História da Inteligência (1794-1855)*, 2.ª ed., São Paulo: Editora Cultrix / Editora da Universidade de São Paulo, 1978. Vol.II.

MARTINS, Wilson - *História da Inteligência (1855-1877)*. São Paulo: Editora Cultrix / Editora da Universidade de São Paulo, 1977. Vol.III.

MASSIE, Robert K. - *Peter the Great. His Life and World*. New York: Ballantine Books, 1980. ISBN 0-345-29806-3.

MATHIAS, Marcello Duarte - *No Devagar Depressa dos Tempos: Notas de um diário 1962--1969*. Lisboa: Livraria Bertrand, 1980.

MATHIAS, Marcello Duarte - *Os Diplomatas Vistos por Um Diplomata: Excertos de um Diário*. Lisboa: FCG, 2002. Separata da Revista Colóquio/Letras, Ficção, n.º 161/162, Jul., pp. 493-506.

MATHIAS, Marcello - *Doze sonetos e uma canção*. 3.ª ed., Lisboa: Edição Dois Mundos, 1947. (Com dedicatória do autor).

MATOS, A. Campos (org.) - *Eça de Queiroz/Emília de Castro – correspondência epistolar: Cartas inéditas de Emília de Castro*. Póvoa de Varzim: Lello & Irmão – Editores, 1995. ISBN 972-48-1686-9.

MATOS, A. Campos - *Imagens de Portugal Queirosiano*. Lisboa: Imprensa Nacional Casa da Moeda, 1987.

MATOS, A. Campos - *Sete Biografias de Eça de Queiroz*. Lisboa: Livros Horizonte, 2004. ISBN 972-24-1322-8.

MATTINGLY, Garrett - *The Armada*. New York: Twelfth printing, Sentry Edition, 1959 ISBN 0-395-08366-4.

MAUGHAM, W. Somerset - *Liza of Lambeth*. New York: Penguim Books, 1986.

MAULDIN, Bill - *Back Home*. New York: Willian Sloane Associates Publishers, 1947.

MAUPASSANT, Guy - *Pierre et Jean*. Genève: Editions d'art Albert Skira, 1944.

MAUPASSANT, Guy - *Sur l'Eau*. Paris: Albin Michel Éditeur, s.d.

MAURIAC, François - *Nouveaux mémoires intérieurs*. Paris: Flammarion, 1965. (Com dedicatória de um amigo. Assinatura iligível).

MAXWELL, Kenneth - *Marquês de Pombal*. Lisboa: Editorial Presença, 2001. (Com dedicatória do autor).

MAYBERRY, George - *A Little Treasury of American Prose: The Major Writers from colonial times to the present day*. New York: Charles Scribner's Sons, 1949.

MCCLLAND, David C. - *The achieve society*. Ontario: First Free Press Paperback, 1967.

MEDINA, João - *Eça de Queiroz e o seu tempo*. Lisboa: Livros Horizonte, 1972.

MEEK, Ronald L. - *The Economics of Physiocracy*. London: George Allen & Unwin, 1962.

MELO, D. Francisco Manuel de - *O Poeta Melodino, D. Francisco Manuel de Melo: rimas portuguesas (sonetos, égiogas, cartas, poesias várias, farsa do "Fidalgo Aprendiz") e Orações Académicas, extraídas das "Segundas três musas do Melodino", revistas, prefaciadas e anotadas por José Pereira Tavares*. Porto: Companhia Portuguesa Editora, 1921.

MELO, D. Francisco Manuel - *Apólogos Dialogais*. Lisboa: Livraria Sá da Costa, 1959. Vol. I.

MELO, D. Francisco Manuel - *Apólogos Dialogais*. Lisboa: Livraria Sá da Costa, 1959. Vol. II.

MELO, D. Francisco Manuel - *Cartas Familiares*. Lisboa: Livraria Sá da Costa, 1942.

MELVILLE, Herman - *Mobydick or, The Whale, with and introduction by Clifton Fadiman and illustrations by Boardman Robinson*. New York: The Heritage Press, 1943.

Memórias da Vida de José Liberato Freire de Carvalho (1855), introdução de Carlos Alvim. Lisboa: Assírio e Alvim, 1982.

Memórias de Francisco Manuel Trigo de Aragão Morato (1777-1826), Revistas e Coordenadas por Ernesto Campos de Andrade. Coimbra: Imprensa da Universidade, 1933.

Memórias de José da Cunha Brochado. Extrahidas das suas obras inéditas por Mendes dos Remédios. Coimbra: França Amado Editor, 1909.

MENCKEN, H. L. - *The American Language: An inquiry into the development of English in the United States*. New York: Alfred A. Knopf, 1945.

MENCKEN, H.L. - *The American Language: An inquiry into the development of English in the United States*. 4.ª ed., New York: Alfred A. Knopf, 1946.

MENDES, João Fragoso (ed.) - *Olhares de Pedra: estátuas portuguesas*, Lisboa, Prosafeita, 2004. ISBN 972-9335-54-0.

MENDES, José de Sousa - *O Retiro e o Plano de Vida*. S.l: Filermo, s,d. (Com dedicatória do autor).

MENDONÇA, Marcos Carneiro - *A Amazônia na Era Pombalina, Correspondência Inédita do Governador e Capitão-General do Estado do Grão Pará e Maranhão Francisco Xavier de Mendonça Furtado 1751-1759*. S.l.: Instituto Histórico e Geográfico Brasileiro, s.d. Tomo I.

MENDONÇA, Marcos Carneiro - *A Amazônia na Era Pombalina, Correspondência Inédita do Governador e Capitão-General do Estado do Grão Pará e Maranhão Francisco Xavier de Mendonça Furtado 1751-1759*. S.l.: Instituto Histórico e Geográfico Brasileiro, s.d. Tomo II.

MENDONÇA, Marcos Carneiro - *A Amazônia na Era Pombalina, Correspondência Inédita do Governador e Capitão-General do Estado do Grão Pará e Maranhão Francisco Xavier de Mendonça Furtado 1751-1759*. S.l.: Instituto Histórico e Geográfico Brasileiro, s.d. Tomo III.

MERÊA, Paulo - *Novos Estudos de História do Direito*. Barcelos: S.e., 1937.

MICHAELIS, H. - *A New Dictionary of Portugueses English Languages*. New York: Frederick Ungar Publishing Company, s.d., 1.ª pt.

MICHAELIS, H. - *A New Dictionary of the Portuguese and English Languages*. New York: Frederick Ungar Publishing Company, s.d.

Midget Dictionaries. London: Burgess & Bowes, s.d.

MIDOSI, Henrique - *Poesias Selectas para Leitura, Recitação e Analyse dos Poetas Portuguezes*. 13.ª ed., Lisboa: Lallemant Frères, 1882.

MIDOSI, Henrique - *Poesias Selectas. Leitura, Rectificação e Analyse dos Poetas Portuguezes*. 18.ª ed., Lisboa: Typographia do Commercio de Portugal, 1894.

MIGNON, Ernest - *Les Mots du Général de Gaulle*. Paris: Lbrairie Arthème Fayard, 1962.

MIKES, George - *How to Scrape Skies: The United States explored rediscovered and explained*. London: Allan Wingate, 1956.

MILL, John Stuart - *Sobre a Liberdade*. Mem Martins: Publicações Europa – América, 1997.

MINC, Alain - *La grande illusion*. Paris: Grasset, 1989. ISBN 2-246-40531-9.

MINIX, Dean A. - *Small groups and Foreign Policy Decision-Making*. Washington: University Press of America, 1982. ISBN 0819123722.

MINTZ, Morton; MINTZ, Margaret - *Quotations from President Ron*. New York: St. Martins, 1987. ISBN 0312009259.

Missão Diplomática do Conde de Paço D'Arcos no Brasil, 1891 a 1893. Notas e Relatórios dos interesses portugueses na política brasileira, prefácio do comandante Henrique Correa da Silva (Paço D'Arcos). Lisboa: S.e., 1974. (Com dedicatória do Conde de Paço D'Arcos).

MOLIÈRE - *Le malade imaginaire, avec notice biographique, une notice littéraire et des notes explicatives par René Vaubourdolle*. Paris: Hachette, 1935.

MONACO, Ricardo, *Corso di Organizzazione Internazionale – Principi Generali*, Torino, G. Giappichelli Editore, 1979. (Com dedicatória do autor e em muito mau estado deconservação).

MONACO, Riccardo - *Lezioni di Organizzazione Internazionale I Diritto delle Istituzioni Internazionali*. Torino: G. Giappichelli Editore, 1965.

MONCADA, L. Cabral - *Estudos de História do Direito*. Coimbra: Universidade de Coimbra, 1948. Vol.I.

MONCADA, L. Cabral - *Estudos de História do Direito*. Coimbra: Universidade de Coimbra, 1949. Vol. II.

MONCADA, L. Cabral - *Estudos de História do Direito*. Coimbra: Universidade de Coimbra, 1950. Vol. III.

MONDLANE, Eduardo - *The Struggle for Mozambique*. Harmondsworth: Penguin Books, 1969. ISBN 0-14-041028-7.

MONGIN, Antoine Garapon Olivier, (dir.) - *Kosovo un drame annoncé*. Paris: Éditions Michalon, 1999. ISBN 2-84186-113-9.

MONNET, Jean - *Les États-Unis d'Europe ont Commencé*. Paris: Robert Laffont, 1955.

TEIXEIRA DA MOTA, A. - "Le Portugal et L'Histoire de l'Afrique. Extrait du 'Dicionário de História de Portugal' in *Bulletin des Séances*, VII. Bruxelles: Académie Royale des Sciences D'Outre-Mer, 1962. (Exemplar em mau estado. Com dedicatória do autor).

TEIXEIRA DA MOTA, A. - *A Escola de Sagres*. Lisboa: S.e.,1960. Separata dos Anais do Clube Militar Naval, Número Especial, pp. 5-20. (Com dedicatória do autor).

TEIXEIRA DA MOTA, A. - *A evolução da ciência náutica durante os séculos XV-XVI na cartografia da época*. Lisboa: Academia das Ciências de Lisboa, 1961. (Com dedicatória do autor).

TEIXEIRA DA MOTA, A. - *As Rotas Marítimas portuguesas no Atlântico de meados do século XV ao penúltimo quartel do século XVI*. S.l.: S.e., s.d. Separata do *Tempo da História*, III, pp.14-33. (Com dedicatória do autor).

TEIXEIRA DA MOTA, A. - *Cartografia Portuguesa dos Descobrimentos*. Lisboa: S.e., 1960. Separata dos Anais do Clube Militar Naval, Número Especial, pp. 5-13. (Com dedicatória do autor).

TEIXEIRA DA MOTA, A. - *D. Luís da Cunha e a Carta da África Meridional de Bourguignon D'Anville (1725)*. Coimbra: Faculdade de Letras da Universidade de Coimbra, 1962. Separata da Revista Portuguesa de História, Homenagem ao Prof. Doutor Damião Peres. Tomo X. (Exemplar em mau estado. Com dedicatória do autor).

TEIXEIRA DA MOTA, A. - *Duarte Coelho, Capitão-Mor de Armadas no Atlântico (1531-1535)*. Lourenço Marques: Universidade de Lourenço Marques, 1971. Separata da *Revista de Ciências do Homem*. vol.VI, Série A, pp.1-51. (Com dedicatória do autor).

TEIXEIRA DA MOTA, A., *Influence de la cartographie portugaise sur la cartographie européenne à l'époque des découvertes*, Tirage à part, *Les Aspects internationaux de la découverte océanique aux XVe et XVIe, Actes du Cinquième Colloque International d'Histoire Maritime*. Paris: Bibliothèque Générale de L'École Pratique des Hautes Etudes – VIe Section, s.d., pp.1-248. (Com dedicatória do autor).

TEIXEIRA DA MOTA, A. - *Méthodes de Navigation et Cartographie Nautique dans l'Ocean Indien avant le XVIe Siècle*. Lisboa: Centro de Estudos Histórica Ultramarinos, 1963. Separata de Stvdia – Revista Semestral, n.º 11, pp.1-90. (Com dedicatória do autor).

TEIXEIRA DA MOTA, A. - *Novos documentos sobre uma expedição de Gonçalo Coelho ao Brasil, entre 1503 e 1505*. Lourenço Marques: Universidade de Lourenço Marques, 1968. (Com dedicatória do autor).

TEIXEIRA DA MOTA, A. - *Os portugueses e a cartografia antiga da África central (1550--1800)*. Lisboa: Academia das Ciências de Lisboa, 1963. (Com dedicatória do autor).

TEIXEIRA DA MOTA, A. - *Portuguese Navigations in the North Atlantic in the Fifteenth and Sixteenth Centuries*. Newfoundland: Memorial University of Newfoundland, 1965. (Com dedicatória do autor).

MOTA, A. Teixeira da - *Prince Henry of Portugal and the Progresso f Nautical Cartography*. S,l.: s.e., s.d. Reprint from the International Hydrographic Review, vol. XXXIX, n.º 1, January 1962, pp 1-37. (Com dedicatória do autor).

MOTA, A. Teixeira da - *Um Luso-Africano: Honório Pereira Barreto*. Lisboa: S.e., 1959. (Com dedicatória do autor).

MOTA, A. Teixeira da; CARREIRA, António - *Milho Zaburro and Milho Maçaroca in Guinea and in the Islands of Cabo Verde*. Oxford: University Press, 1966. (Com dedicatória do autor).

MOTA, Avelino Teixeira da - *Columbus and the Portuguese, Lecture given on May 27, 1968, at the Grolier Club, New York*. S.l.: S.e., 1968. (Com dedicatória do autor).

MONTEIRO, Ofélia M. Caldas Paiva - *D. Frei Alexandre da Sagrada Família: A sua Espiritualidade e a sua poética*. Coimbra: Imprensa da Universidade, 1974.

MONTEIRO, Ramiro Ladeiro - *África na Política de Cooperação Europeia*. Lisboa: Instituto Superior de Ciências Sociais e Políticas, 1997. ISBN 972-9229-46-5 (Com dedicatória do autor).

MOORE, W.G. - *The World's Wealth*. New York: Pelican Books, 1947.

MOORMAN, John R. M. - *Saint Francis of Assisi*. London: SPCK, 1976.

MORAES, Manuel - *Cartesianismo em Portugal/ António Cordeiro*. Braga: Faculdade de Filosofia de Braga/Livraria Cruz, 1966.

MORAIS, Fernando – *Chatô: O Rei do Brasil*. 2.ª ed., São Paulo: Companhia das Letras, 1995.

MORAZÉ, Charles - *Introduction à L'Histoire Économique*. 3.ª ed., Paris, Libraire Armand Colin, 1952.

MORGADO, Vasco Martins - *A guerra vista de Cantão: os relatórios de Vasco Martins Morgado, Cônsul-Geral de Portugal em Cantão, sobre a Guerra Sino-Japonesa, organização e introdução de António Vasconcelos de Saldanha.* Macau: Instituto Português do Oriente, 1998. ISBN 972-8013-25-6.

MORISON, Samuel Elliot - *The European Discovery of America.* New York: Oxford University Press, 1974.

MOTTA, Carlos Teixeira da - *O caso de Timor na II Guerra Mundial.* Lisboa: ID/MNE, 1997. ISBN 972-97-416-0-3.

MOURA, Francisco Pereira. *Lições de Economia.* 2.ª ed., Lisboa: Clássica Editora, 1976.

MÜLLER, Herald, (coord.) - *European Non-Proliferation Policy 1982-1992.* Brussels: European Interuniversity Press, s.d. ISBN 90-5201-305-5.

Nação e Defesa. Lisboa: Estado-Maior do Exército Português, 1978. (Texto policopiado).

NAMORA, Fernando - *A casa da malta.* Lisboa: Editorial Inquérito Limitada, s.d. (Com dedicatória do autor).

NAMORA, Fernando - *A Noite e a Madrugada.* Lisboa: Editorial Inquérito, 1950. (Com dedicatória do autor).

NAMORA, Fernando - *Minas de San Francisco.* Lisboa: Editorial Inquérito, 1952. (Com dedicatória do autor).

NAMORA, Fernando - *Retalhos da vida de um médico.* 5.ª ed., Lisboa: Editorial Inquérito, s.d. (Com dedicatória do autor).

NATHAN, James, A.; OLIVER, James K. - *United States Foreign Policy and World Order.* 4.ª ed., New York: Longman, 1989. ISBN 0673396894.

NATO, Final Communiques. S.l.: S.e., 1978.

NELSON, Benjamin - *The idea of usury from tribal brotherhood to universal otherhood.* 2nd ed,. Chicago: The University of Chicago Press, 1969. ISBN-10: 0226571602. ISBN-13: 978-0226571607.

NEMÉSIO, Vitorino - *A mocidade de Herculano.* Lisboa: Livraria Bertrand, 1978. Vol. I.

NEMÉSIO, Vitorino - *Limite de idade.* Lisboa: Editorial Estúdios Cor, 1972. (Com dedicatória do autor).

NEMÉSIO, Vitorino - *O Pão e a Cura: Poemas seguidos de uma versão do Dies Irae.* Lisboa: Livraria Bertrand, 1955. (Com dedicatória do autor).

NEVES, João Alves das - *As relações literárias de Portugal com o Brasil.* Lisboa: Instituto de Cultura e Língua Portuguesa, 1992.

NEVES, José Acúrsio das - *Memoria sobre os meios de melhorar a Industria portugueza, considerada nos seus diferentes ramos.* Lisboa: Officina de Simão Thaddeo Ferreira, 1820.

NEVES, José Acúrsio das - *Variedades sobre objectos relativos: Artes, commercio e manufacturas, consideradas segundo os princípios da economia política.* Lisboa: Impressão Regia, 1817. Tomo II.

NEVES, José Acúrsio das - *Obras Completas de José Acúrsio das Neves: História Geral da Invasão dos franceses em Portugal, e da Restauração deste Reino. Introdução crítica de António Almodôvar e Armando Castro.* Porto: Edições Afrontamento, s.d. Vol. I. Tomo I e II.

NEVES, José Acúrsio das - *Obras Completas de José Acúrsio das Neves: História Geral da Invasão dos franceses em Portugal, e da Restauração deste Reino.* Porto: Edições Afrontamento, s.d. Vol. I. Tomos III. IV e V.

NEVES, José Paulouro das - *O Tratado de Maastricht e a Construção Europeia.* Coimbra: FDUC, 1994.

NEVES, Mário - *La Matanza de Badajoz, tradución del português de Angel Campos Pámpano*. Salamanca: Editora Regional de Extremadura, 1986. ISBN 84-7671-016-X. (Com dedicatória autor).

NEVINS, Allan, GOMMAGER, Henry Steele - *A short History of the United States*. New York: The Morden Library, 1945.

NICOLSON, Harold - *The Congress of Vienna*. London: University Paperbackes, 1961.

NICOLSON, Sir Harold – *Diplomacy*. 3.ª ed., London: Oxford Paperbacks, 1969.

NIETZSCHE, F. - *A Gaia Ciência*, 6.ª ed., Lisboa: Guimarães Editores, 2000.

NIETZSCHE, F. - *Assim Falava Zaratustra*. 12.ª ed., Lisboa: Guimarães Editores, s.d.

NIETZSCHE, F. - *Para Além de Bem e Mal*. 7.ª ed., Lisboa: Guimarães Editores, 1998.

NIXON, Richard - *1999 Victory without War. S.l.:* First Touchstone edition, 1990. ISBN 0-671-70626-8.

NOGUEIRA, Albano - *Uma Agulha no Céu*. Lisboa: Parceria A. M. Pereira, 1967. (Com dedicatória do autor).

NOGUEIRA, César - *Notas para a História do Socialismo em Portugal, (1871-1910)*. Lisboa: Portugália Editora, 1964. Vol.I.

NOGUEIRA, César - *Notas para a História do Socialismo em Portugal, (1895-1925)*. Lisboa: Portugália Editora, 1964. Vol.II.

NOGUEIRA, Franco - *Diálogos Interditos: A Política Externa Portuguesa e a Guerra de África* (1961-1961-1063). Lisboa: Intervenção, 1979. Vol. I.

NOGUEIRA, Franco - *Juízo Final*. 2.ª ed., Lisboa: Editora Civilização, 1992. ISBN 972-26--1009-0.

NOGUEIRA, Franco - *Um Político Confessa-se (Diário 1960-1968)*. Lisboa: Editora Civilização, 1987.

NONNEMAN, Gerd (ed.), *The Middle East and Europe. An Integrated Communities Approach*. Brussels: Federal Trust for Education and Research / Trans-European Policy Studies Association / ECC, 1992. ISBN 0-9015733 8.

Notas para uma memória sôbre o Conselho Ultramarino. Lisboa: I Congresso da História da Expansão Portuguesa no Mundo, 4.ª secção, 1958.

Nova Sede do Ministério dos Negócios Estrangeiros. Lisboa: MNE, 1950.

Novas Cartas Inéditas de Antero de Quental, introdução, organização e notas de Lúcio Craveiro da Silva. Braga: Faculdade de Filosofia, 1996. ISBN 972-697-102-0.

Novas cartas inéditas de Eça de Queiroz a Ramalho Ortigão, coord. de Álvaro Moreyra e Bricio de Abreu. Rio de Janeiro: Alba, 1940.

NOVINSKY, Anita Waingort - *Inquisição. Inventários de bens confiscados a Cristãos Novos: Fontes para a História de Portugal e do Brasil, (séc. XVIII)*. Lisboa: Imprensa Nacional Casa da Moeda, 1978.

NUNES, António Rodrigues - *Do Pacto de Preferência tendo por objecto a venda de imóveis*. Coimbra: Coimbra Editora, 1948. (Com dedicatória do autor).

O'CONNOR, Gemma - *Time to Remember*. New York: Bantam Books edition, 1999.

Odyssey of Homer - trad. *inglesa de POPE, Alexander*. New York: The Heritage Press, 1942.

O'MEARA, Patrick; MEHLINGER, Howard D.; KRAIN, Matthew (ed.) - *Globalization and the Challenges of a New Century: A reader*. Bloomington and Indianapolis: Indian University Press, 2000. ISBN 0-253-21355-X.

O'NEIL, Alexandre - *Poesias Completas, 2.ª ed. revista por Luís Manuel Gaspar*. Lisboa: Assírio & Alvim, 2001. ISBN 972-37-0614-8.

Obras de Fr. Agostinho da Cruz. Conforme a edição impressa de 1771 e os códices manuscritos das Bibliotecas de Coimbra, Porto e Évora, com prefácio de Mendes dos remédios. Coimbra: França Amado, 1918.

Obras de Gil Vicente, com revisão, prefácio e notas de Mendes dos Remédios. Coimbra: França Amado, 1914. Tomo III.

Obras de Gil Vicente. Coimbra: França Amado Editor, 1907. Tomo I. (Com indicação de ter pertencido a Eduardo Calvet de Magalhães).

OBSERVATÓRIO DE RELAÇÕES EXTERIORES - *A Arquitectura Política Europeia: Um Debate*. Lisboa: UAL, 2000. ISBN 972-8094-39-6.

OBSERVATÓRIO DE RELAÇÕES EXTERIORES - *A Arquitectura Política Europeia: Inquérito aos Partidos Políticos*. Lisboa: UAL, 2000. ISBN 972-8094-40-X.

Oceanos II – Os futuros desafios na política dos Oceanos. Lisboa: Americonsulta, 1997. ISBN 972-972 46-2-8.

OERTMAN, Paul - *Introducción al Derecho Civil*. Barcelona: Editorial Labor, 1933.

Oeuvres de Christophe Colomb. Paris: Gallimard, 1961.

OKADA, Mokichi - *JOHREI divine light of salvation*. Japan: Society of Johrei, 1984. ISBN 4-915605-00-0.

OLAGÜE, Ignacio - *L'Espagne au XXe Siècle*. Paris: Calmann-Lévy, 1960.

OLIVEIRA, Alberto d' - *Eça de Queiroz (páginas de memória)*. Lisboa: Portugal-Brasil Limitada, s.d.

OLIVEIRA, Cavaleiro - *Cartas Familiares, 2.ª ed.*, Lisboa: Livraria Sá da Costa Editora, 1960.

OLIVEIRA, Fernando - *Duas Vitórias. O princípio da Liberdade e Igualdade do Comércio na Bacia Convencional do Congo e as Reservas Portuguesas de 1885 e 1919. Subsídio para a História da Diplomacia Portuguesa nos séculos XIX e XX*. Lisboa: Sociedade de Geografia de Lisboa, 1962. (Com dedicatória do autor).

OLIVEIRA, José Gonçalo Corrêa d' - *Portugal e o Mercado Europeu*. Lisboa: Secretariado Nacional da Informação, 1963.

OLIVEIRA, José Osório de - *La Litéerature Portugaise*. Lisbonne: Éditions SNI, 1955.

OLIVEIRA, José Osório de - *O Romance de Garrett, 2.ª ed.*, Lisboa: Livraria Bertrand, 1992. (Com dedicatória).

OLIVEIRA, Lopes d' - *Eça de Queirós a sua vida e a sua obra*. Lisboa: Edições Excelsior, 1972.

OLIVEIRA, Luís da Silva Pereira - *Privilégios da Nobreza e Fidalguia de Portugal, edição fac-símile da primeira edição de 1806, apresentação, nota introdutória e índice por António de Mattos e Silva, Nuno Borrego e Lourenço Correia de Matos*. Lisboa: Associação da Nobreza Histórica de Portugal, 2000.

OLIVEIRA, P. Miguel - *História Eclesiástica de Portugal. 3.ª ed.*, Lisboa: União Gráfica, 1958.

OLIVEIRA, Ramos de - *Cinquentenário da Diocese de Juiz de Fora*. Juiz de Fora: s.e., 1977.

ORTIGÃO, Ramalho - *As Farpas*. Lisboa: Clássica Editora, 1988. Vol.III.

OSÓRIO, João de Castro, (org.) - *A Revolução da Experiência. Duarte Pacheco Pereira. D. João de Castro*. Lisboa: Edições SNI, 1947.

OSÓRIO, João de Castro - *O Plano imperial da Dinastia de Aviz na África Austral no século XVI*. Lisboa: I Congresso da História da Expansão Portuguesa no Mundo – 4.ª Secção, 1959.

OUDENAREN, John Van, (coord.) - *Employment, Economic Development and Migration in Southern Europe and the Maghreb*. Washington: RAND, 1996. ISBN 0-8330-2460-4.

PACKARD, Vance - *The Sexual Wilderness. The Upheaval in Male-Female Relationship: the Breakup of Traditional Morality: New Trends in sexual Behaviour among the Youth*. London: Longmans, 1968.

PAÇO D'ARCOS, Joaquim - *A dolorosa razão duma atitude. Para a história da Sociedade Portuguesa de escritores e do seu fim*, 3.ª ed., Lisboa: edição de autor, 1965.

PAÇO D'ARCOS, Joaquim - *A Floresta de Cimento. Claridade e Sombras dos Estados Unidos*, 2ª ed., Lisboa: Guimarães Editores, 1956. (Com dedicatória da amiga Maria da Graça).

PAÇO D'ARCOS, Joaquim - *Crónica da Vida Lisboeta*. Rio de Janeiro: Edições Aguilar, 1974.

PAÇO D'ARCOS, Joaquim - *O Crime Inútil*. Lisboa: Guimarães Editores, 1985.

PAILE, Miguel d'Almeida - *Santo António dos Portugueses em Roma, Livro I – origens (1363--1508)*. Lisboa, Instituto Português de Santo António em Roma, 1951.

PAIS, Frei Álvaro - *Espelho dos Reis, texto e tradução de Miguel Pinto Mendes*. Lisboa: Instituto de Alta Cultura do Centro de Estudos de Psicologia e de História da Filosofia anexo à Faculdade de Letras da Universidade de Lisboa, 1955. Vol.I.

Palavras proferidas pelo Bispo de Coimbra quando recebido na Real Academia de História de Madrid, no dia 6 de Janeiro de 1806. Coimbra: Imprensa da Universidade, 1806.

Palestine Question in Maps 1878-2002. Jerusalem: PASSIA, 2002. ISBN 9950-305-02-00.

PALMER, Alain - *The Penguin Dictionary of Twentieth Century History 1900-1978*. 2nd ed., London: Penguin Books, 1981. ISBN 0 7139 1196 4.

PARKINSON, C. Northcote - *The Law of Delay*. London: John Murray, 1970.

PASCAL – *Pensées*. Paris: Garnier, 1955.

PATERSON, Thomas G.; HAGAN, J. Kenneth; CLIFFORD, J. Garry - *American Foreign policy: a History*. S.l.: D.C. Heath and Company, 1977. ISBN 0-669-94698-2.

PAUWELS, Louis - *Le Droit de parler*. Paris: Albin Michel, 1981. ISBN 2-226-01219-2.

PAVEMENT - *Preparació del terreny a Europa de l'Article 13 del Tract d'Amsterdam: Cap a un model global per combatre la discriminació multiple: aprendre amb la policia com a proveidora de serveis publics: Reflexions i Recomanacions des de Catalunya*. Catalunya: Centre de Catalunya. 2000.

PAXTON, John - *A Dictionary of the Economic Community*, 2.ª ed., New York: The Macmilan Press Limited, 1977. ISBN 0-333-21381-5.

PEISSEL, Michel - *Mustang: royaume tibétain interdit*. Paris: Arthaud, 1967.

PENHA, João - *Por montes e valles*. Lisboa: Livraria Editora Tavares Cardoso & Irmão, 1893.

PENNA, Meira - *Segurança & Desenvolvimento*. Rio de Janeiro: Livraria Agir Editora, 1967.

Pensamento de Tobias Barreto, Actas Colóquio 4 a 7 de Julho de 1990. Lisboa: Universidade Nova de Lisboa / Faculdade de Ciências Sociais e Humanas / Instituto Pluridisciplinar de História das Ideias, 1991.

Pequenas Histórias das Doutrinas Económicas. Lisboa: Edição da União Nacional em Colaboração com o Secretariado Nacional da Informação, 1945.

PEREIRA, A. Ramos - *A Mobilização dos Capitais nas Estruturas Subdesenvolvidas*, S.l.: s.n., s.d. Separata da *Revista de Economia*. Vol.VII, Fasc. IV (Com dedicatória do autor).

PEREIRA, André Gonçalves - *A Revisão Constitucional de 1971 e as Fontes de Direito Internacional*. Lisboa: UNL, 1972. (Com dedicatória do autor).

PEREIRA, André Gonçalves - *Curso de Direito Internacional Público,* 2.ª ed. revista e ampliada, Lisboa: Edições Ática, 1970. (Com dedicatória autor).

PEREIRA, André Gonçalves - *Novas Considerações sobre a Relevância do Direito Internacional na Ordem Interna Portuguesa.* Lisboa: Edições Ática, 1969.

PEREIRA, António Maria - *A Burla do 28 de Setembro.* Lisboa: Livraria Bertrand, 1977.

PEREIRA, Carlos Renato Gonçalves - *No Mundo do Direito e da Justiça.* Luanda: Universidade de Luanda, s.d. (Com dedicatória do autor).

PEREIRA, Duarte Pacheco - *Esmeraldo de Situ Orbis, com introdução e anotações históricas de Damião Peres.* 3.ª ed., Lisboa: Academia Portuguesa da História, 1988.

PEREIRA, Isaías da Rosa - *Matrícula de Ordens da Diocese de Évora (1480-1483): Qual dos dois Vascos da gama foi à Índia?.* Lisboa: Academia Portuguesa da História, 1990.

PEREIRA, José Esteves - *Percursos de História das Ideias.* Lisboa: Imprensa Nacional – Casa da Moeda, 2004. ISBN 972-27-1308-6.

PEREIRA, José Pedro Cantinho - *Le Portugal et l'Europe 1947-1953.* Paris: Université de Paris I – Panthéon – Sorbonne – U.F.R. d'Histoire, 2002. Tomo I. (Texto policopiado).

PEREIRA, José Pedro Cantinho - *Le Portugal et l'Europe 1947-1953.* Paris: Université de Paris I – Panthéon – Sorbonne – U.F.R. d'Histoire, 2002. Tomo II. (Texto policopiado).

PEREIRA, Maria da Glória Pires de Sá - *A posição socioeconómica dos imigrantes portugueses e seus descendentes nos Estados de Massachusetts e Rhode Island (U.S.A.).* Porto: Secretaria de Estado da Emigração – Centro de Estudos, 1985.

PERELMAN, S. J. - *The most of S. J. Perelman.* New York: Simon and Schuster, 1958.

PERES, Damião (dir.) - *Crónicas e Memórias. Viagens e Naufrágios célebres dos Séculos XVI, XVII e XVII.* Porto: F. Machado, 1937. Vol. I.

PERES, Damião (dir.) - *Crónicas e Memórias. Viagens e Naufrágios célebres dos Séculos XVI, XVII e XVII.* Porto: F. Machado, 1938. Vol. II.

PERES, Damião (dir.) - *Crónicas e Memórias. Viagens e Naufrágios célebres dos Séculos XVI, XVII e XVII.* Porto: F. Machado, 1938. Vol. III.

PERES, Damião (dir.) - *Crónicas e Memórias. Viagens e Naufrágios célebres dos Séculos XVI, XVII e XVII.* Porto: F. Machado, 1938. Vol. IV.

PERES, Damião (dir.) - *História Trágico-Marítima, compilada por Bernardo Gomes de Brito.* Porto: F. Machado, 1936. Vol. I.

PERES, Damião (dir.) - *História Trágico-Marítima, compilada por Bernardo Gomes de Brito.* Porto: F. Machado, 1936. Vol. II.

PERES, Damião (dir.) - *História Trágico-Marítima, compilada por Bernardo Gomes de Brito.* Porto, F. Machado, 1937. Vol. III.

PERES, Damião (dir.) - *História Trágico-Marítima, compilada por Bernardo Gomes de Brito.* Porto: F. Machado, 1937. Vol. IV.

PERES, Damião (dir.) - *História Trágico-Marítima, compilada por Bernardo Gomes de Brito.* Porto: F. Machado 1937. Vol. V.

PERES, Damião (dir.) - *Monstruosidades do Tempo e da Fortuna (1662-1669).* Porto: F. Machado, 1938. Vol. I.

PERES, Damião (dir.) - *Monstruosidades do Tempo e da Fortuna (1669-1671).* Porto: F. Machado, 1938. Vol. II.

PERES, Damião (dir.) - *Monstruosidades do Tempo e da Fortuna (1671-1674).* Porto: F. Machado, 1939. Vol. III.

PERES, Damião (dir.) - *Monstruosidades do Tempo e da Fortuna (1674-1680)*. Porto, F. Machado, 1939. Vol. IV.

PERES, Damião - *História do Banco de Portugal 1821-1846*. Lisboa: Oficinas Gráficas da Neogravura, 1971.

PERES, Damião - *O Descobrimento do Brasil por Pedro Álvares Cabral. Antecedentes e intencionalidades*. 2.ª ed., Lisboa: Comissão executiva do V Centenário do Nascimento de Pedro Álvares Cabral, 1968.

PERREIRA, Isaías da Rosa; FARIA, Frei Francisco Leite de - *IV Centenário de Frei Heitor Pinto (1526?-1584)*. Lisboa: Academia Portuguesa da História, 1991.

PESSOA, Fernando - *Poems, translated by Dr. Anwer Zahid by appointment of the Pakistan Academy of Letters, foreword by Fernando de Castro Brandão*. Islamabad: Embassy of Portugal – Islamabad, 1997.

PETER, Laurence J.; HULL, Raymond - *Le Principe de Peter ou pourquoi tout va toujours mal, traduit par France-Marie Walkins*. S.l.: Stock, 1970.

PEYREFITTE, Alain - *La Tragidie chinoise*. Paris: Fayard, 1990. ISBN 2-213-02025-6.

PEYREFITTE, Alain - *Quand la Chine s'éveillera...le monde tremblera*. Paris: Fayard, 1973. ISBN 2-213-00079-4.

PEYREFITTE, Roger - *Les Ambassades*. Paris: Flammarion, 1951.

PEYREFITTE, Roger - *Les Clés de Saint Pierre*. Paris: Flammarion, 1955.

PIMENTA, Alfredo - *Elementos de História de Portugal*. 2.ª ed., Lisboa: Emprêsa Nacional de Publicidade, 1935.

PIMENTA, José da Costa - *Carta das Nações Unidas e Estatuto do Tribunal internacional de Justiça*. Coimbra: Livraria da Universidade, 1993.

PIMPÃO, Álvaro J. da Costa - *As Ideias de Eça*. Coimbra: Edições Estudos, 1946.

PIMPÃO, Álvaro Júlio da Costa - *História da Literatura Portuguesa (séculos XII a XV)*. S.l., Edições Quadrante, Lda, 1947. Vol. I.

PINA, Luiz Maria da Câmara - *A Batalha de São Mamede (24 de Junho de 1128): Subsídios para a sua História Militar*. Lisboa: Academia Portuguesa de História, 1979. (Com dedicatória do autor).

PINTO, António Costa - *O Fim do Império Português*. Lisboa: Livros Horizonte, 2001. ISBN 972-24-1147-0.

PINTO, Fernão Mendes - *The Travels of Mendes Pinto*. Chicago: The University of Chicago Press, 1989. ISBN 0-226-66951-3.

PINTO, Silva - *Combates e Criticas 1875-1881, com prólogo de Camillo Castello Branco*. Porto: Typographia de António José da Silva Teixeira, 1882.

PINTO, Silva - *Novos Combates e Criticas 1875-1884*. Porto: Typographia de António José da Silva Teixeira, 1884. (Com dedicatória).

PIRES, Francisco Lucas - *Amsterdão. Do Mercado à Sociedade Europeia?*. Cascais: Principia, 1998. ISBN 972-8500-04-1.

PIRES, Francisco Lucas - *Portugal e o futuro da União Europeia. Sobre a revisão dos Tratados em 1996*. Lisboa: Difusão Cultural, 1995. ISBN 972-709-246-2. (Com dedicatória do autor).

PIRES, José Cardoso - *O Delfim*. Lisboa: Moraes Editores, 1968.

PIROU, Gaëtan - *Traité d'Économie Politique: Introduction à l'étude de l'Économie Politique*. 2ª ed., Paris: Recueil Sirey, 1946. Vol.I.

PLANAS-SUAREZ, Simon - *Notas Históricas Y Diplomáticas*. Buenos Aires: Imprenta Lopez, 1961. (Nota de oferta do Dr. Madeira de Andrade anexa ao of. 843, P.490 de 13/12/1985).

PLATO - *Apology. Crito. Phaedo. Symposium. Republic, translated by B. Jowett with an introduction by Louise Ropes Loomis*. New York: Walter J. Black. 1942.

PLATO - *The Republic, translated out of the Greek by Benjamin Jowett with his introduction, analyses and summary*. New York: The Heritage Press, 1944.

POLIAKOV, Léon - *Les banquiers juifs et la Saint-Siège du XIIIe au XVIIe siècle*. Paris: Clamann, 1965.

Política Comparada: Revista Brasiliense de Políticas Comparadas. Brasília: ARKO ADVICE, 1997. Ano I. Vol. I, n.° 2. ISSN 1414-235X.

Politique de tous les cabinets de l'Europe, pendant les règnes de Louis XV et de Louis XVI; Manuscrits trouvés dans le cabinet de Louis XVI contenant des pièces authentiques sur la correspondance secrète du Comte de Broglie. Un ouvrage dirigé par lui et exécuté par M. Favier; Les doutes sur le Traité de 1756, par le même; Plusieurs mémoires du Comte de Vergennes, Ministre des Affaires étrangères, de M. Turgot, etc. Paris: Chez F. Buisson 1794. Tomo I.

PONTE, António Carlos Fuzeta - *Contributos para uma Estratégia Portuguesa*. Lisboa: Ministério da Defesa Nacional. Marinha. Instituto Superior Naval de Guerra, 1991. ISBN 972-95583-0-2. (Com dedicatória do autor).

População de Portugal em 1798: O Censo de Pina Manique. Paris: Fundação Calouste Gulbenkian/Centro Cultural português, 1970.

POOL, David; POOL, Tamar de Sola - *An Old Faith in the New World. Portait of Shearith Israel 1654-1954*. New York: Columbia University Press, 1955. (Edição de luxo numerada com uma tiragem de 200 exemplares. Este exemplar é o 112).

PORTO, Manuel; AMARAL, Francisco, (Coords) - *Temas de Integração: 2.° Semestre de 2000 e 1.° Semestre de 2001, n.ºs 10 e 11*. Coimbra: Almedina, 2001. ISBN 972-40-1600-5.

PORTUGAL - *Decreto-lei n.° 29 :319, de 30 de Dezembro de 1938. Lei orgânica do Ministério dos Negócios Estrangeiros*. Lisboa: Ministério dos Negócios Estrangeiros, 1938.

Portugal Dez Anos de Política de Cooperação. Lisboa: MNE, 1995. (Com dedicatória de José Manuel Durão Barroso).

Portugal na União Europeia 1993. Lisboa: MNE, 1994. ISBN 972-9245-17-7.

PORTUGAL - *Reforma. Lei n. 3.917, de 14 de Julho de 1961. Decreto n.ºs 1,2,3, de 21 de Setembro de 1961*. Lisboa: Ministério das Relações Exteriores. Departamento de Administração, Secção de Publicações da Divisão de Documentação, 1961.

PORTUGAL. Rei, 1863-1908 (Carlos I) - *Bulletin des Campagnes Scientifiques du Yacht Amelia. Campagnes de 1896 à 1900*. Lisbonne: Imprimerie Nationale, 1902. Vol.I.

PORTUGAL. Rei, 1863-1908 (Carlos I) - *Yacht Amélia. Campanha Oceanographica de 1896*. Lisboa: Imprensa Nacional, 1897.

Portuguese Studies Review, International Conference Group on Portugal. New Hampshire: Department of History University of New Hampshire, 1995. ISSN 1057-1515. Vol.3, nr.2, 1994-95.

POZNER, Vladimir – *Eyewitness: A Personal Account the Unraveling of the Soviet Union*. New York: Randon House, 1992. ISBN 067941202026.

POZNER, Vladimir - *Parting with illusions: the extraordinary life and controversial views of the Soviet Union's leading commentator*. New York: Avon Books, 1991. ISBN 0-380-71349-7.

Presença de Portugal no Mundo: Actas do Colóquio. Lisboa: Academia Portuguesa da História, 1982.

Presidência Portuguesa do Conselho da União Europeia, 1 de Janeiro a 30 de Junho. Lisboa: IDI-MNE, 2001. ISBN 972-97416-1-1.

PRESTAGE, Edgar - *As Relações Diplomatas de Portugal com a França, Inglaterra e Holanda de 1640 a 1668, trad. de Amadeu Ferraz Carvalho.* Coimbra: Imprensa da Universidade, 1928.

Preuves. Paris: Au Siège de la Rédaction, 1962. N. 132.

Proserpina: Revista de la Universidad Nacional de Educacion a Distancia. Mérida: Centro Regional de Extremadura, 1989. (Com artigo de Calvet de Magalhães).

QUADROS, Fausto; OTERO, Paulo; GOUVEIA, Jorge Bacelar - *Portugal e o Direito do Mar.* Lisboa: MNE, 2004. ISBN 972-98906-2-5.

QUEIROZ, Eça de - *A Cidade e as Serras.* Porto: Lello & Irmão Editores, s.d.

QUEIROZ, Eça de - *A Ilustre Casa de Ramires.* Porto: Lello & Irmão Editores, s.d.

QUEIROZ, Eça de - *A Relíquia: Sobre a nudez forte da verdade – o manto diáfano da fantasia.* Porto: Lello & Irmão Editores, s.d.

QUEIROZ, Eça de - *O Crime do Padre Amaro (cenas da vida devota).* Porto: Lello & Irmão Editores, s.d.

QUEIROZ, Eça de - *O Mandarim.* Porto: Lello & Irmão Editores, s.d.

QUEIROZ, Eça de - *Os Maias. Episódios da vida romântica.* Porto: Lello & Irmão Editores, s.d. Vol. I.

QUEIROZ, Eça de - *Os Maias: Episódios da vida romântica.* Porto: Lello & Irmão Editores, s.d. Vol. II.

QUEIROZ, Eça - *A Capital.* Mem Martins: Publicações Europa-América, s.d.

QUEIROZ, Eça – *Contos.* Lisboa: Livros do Brasil, s.d.

QUEIROZ, Rachel de - *Memorial de Maria Moura.* 8.ª ed., São Paulo: Editora Siciliano, 1992. (Com dedicatória de uma possível prima).

QUENTAL, Antero - *Cartas Inéditas a Alberto Sampaio, transcrição, organização, prefácio e notas de Ana Maria Almeida Martins.* Lisboa: Edições "O Jornal", 1985.

QUENTAL, Antero de - *In Memoriam.* 2.ª ed., Lisboa: Editorial Presença/Casa dos Açores, 1993. (Edição fac-similada).

QUENTAL, Antero - *Prosas da época de Coimbra, edição crítica organizada por António Salgado Júnior.* Lisboa: Livraria Sá da Costa Editora, 1973.

QUESNAY, François - *La Physiocratie, textes annotés.* S.l., Institut National Démographiques, 1958.

QUILES, Ismael, S.I. - *San Isidoro de Sevilla.* Buenos Aires: Espasa – Calpes, S. A., 1945.

RANDLES, W.G.L. - *Da terra plana ao globo terrestre.* Lisboa: Gradiva, 1990. ISBN 972-662-184-4.

RAPOSO, Hipólito - *Dona Luísa de Gusmão.* Lisboa, s.n., 1948.

Rapport de Pierre Juvigny, Représentant du Directeur Général du Bureau International du Travail, sur les Contacts Directs avec le Gouvernement du Portugal au Sujet de l'Application de la Convention (n.º 105) Sur l'Abolition du Travail Forcé, 1957. Genève: BIT, 1971.

RAU, Vírginia - "Cenas da vida parisiense na correspondência de Duarte Ribeiro de Macedo (1668-1676)" in *Bulletin des Études Portugaises.* Nouvelle Série. Lisbonne: Instituit Français au Portugal, 1969. Tomo 30. (Com dedicatória da autora).

RAU, Virgínia - *Alguns Estudantes e Eruditos Portugueses em Itália no Século XV.* Lisboa: Centro de Estudos da Marinha, 1972. (Com dedicatória da autora).

RAU, Virgínia - *Aspectos do "Trato" da "Adiça" e da "Pescaria" do "Coral" nos finais do século XV.* Lisboa: Centro de Estudos da Marinha, 1972. (Com dedicatória da autora).

RAU, Vírginia - *Cartas de D. Francisco Manuel de Melo a Duarte Ribeiro Macedo*. Lisboa: Publicações da Revista da Faculdade de Letras da Universidade de Lisboa, 1968. (Com dedicatória da autora).

RAU, Vírginia - *Italianismo na cultura jurídica portuguesa do século XV*. Coimbra: Faculdade de Letras da Universidade de Coimbra/Instituto Estudos Históricos Doutor António de Vasconcelos, 1969. (Com dedicatória da autora).

RAU, Vírginia - *Les emblèmes et l'histoire des techniques au Portugal au cours des XVe et XVIe siècles*. Toulouse: Privat Éditeur, 1973. Separata do livro *Histoire économique du monde méditerranéen 1450-1650 : Mélanges en l'honneur de Fernand Braudel*. (Com dedicatória da autora).

RAU, Virgnia - *Para a história da população portuguesa dos séculos XV e XVI (resultados e problemas de métodos)*. Lisboa: Universidade de Lisboa, 1965. Separata da Revista *Do Tempo e da História*, Vol. I, pp. 7-46. (Com dedicatória da autora).´

RAU, Vírginia - *Política Económica e Mercantilismo na Correspondência de Duarte Ribeiro Macedo (1668-1676)*. Lisboa: Publicações da Revista da Faculdade de Letras da Universidade de Lisboa, 1968. (Com dedicatória da autora).

RAU, Virgínia - *Portugal e o Mediterrâneo no século XV. Alguns aspectos diplomáticos e económicos das relações com a Itália*. Lisboa: Centro de Estudos da Marinha, 1973. (Com dedicatória da autora).

Recepção Académica ao Prof. Doutor Arturo Uslar Pietri, Apresentação Carlos Bessa, "Iberoamérica: uma comunidade" por Arturo Uslar Pietri, Saudação de Joaquim Veríssimo Serrão, agradecimento de Rafael J. Neri. Lisboa: Academia Portuguesa da História, 1988.

Recepção Académica ao Prof. Doutor D. Manuel Fraga Iribarne, Saudações de Pedro Soares Martínez e José Carro Otero, "Tui e Toronho – Fronteira e Diálogo Galaico-Português na Idade Média" por Manuel Fraga Iribarne, Discurso de Encerramento de Joaquim Veríssimo Serrão. Lisboa: Academia Portuguesa da História, 1991.

Recepção Académica ao Prof. Doutor Louis-Edouard Roulet, apresentação de Carlos Bessa, "Un destin exceptionnel: David de Pury (1709-1766)" por Louis-Edouard Roulet, Saudação de Francisco Mendes Luz e Agradecimento Yves Moret. Lisboa: Academia Portuguesa da História, 1991.

Recepção Académica ao Professor José Luís Salcedo-Bastardo. Lisboa: Academia Portuguesa da História, 1985.

Reestruturação do Ministério dos Negócios Estrangeiros. Lisboa: MNE, 1995.

REICH, Robert B. - *Locked in the Cabinet*. New York: Vintage Books, 1998. ISBN 0-375--70061-7.

REINO, Fernando - *Portugal e a Espanha perante a Europa Comunitária*. Salamanca: Ediciones Universidad de Salamanca, 1987. ISBN 84-7481-468-5. (Com dedicatória do autor).

REIS, Jaime Batalha - *O Descobrimento do Brasil Intelectual pelos Portugueses do Século XX*. Lisboa: Publicações Dom Quixote, 1988.

Relatório do Ministério dos Negócios Estrangeiros apresentado na sessão ordinária de 1851. Lisboa: Imprensa Nacional, 1851. (Texto policopiado).

Relatório do Ministério dos Negócios Estrangeiros apresentado na sessão ordinária de 1853. Lisboa: Imprensa Nacional, 1853. (Texto policopiado).

Relatório do Ministério dos Negócios Estrangeiros apresentado na sessão ordinária de 4 de Novembro de 1860. Lisboa: Imprensa Nacional, 1861. (Texto policopiado).

RELVAS, José - *Memórias políticas, prefácio de João Medina, apresentação e notas de Carlos Ferrão*. Lisboa: Terra Livre, 1977.

REMÉDIOS, Mendes dos - *Chronica do Infante Santo D. Fernando*. Coimbra: F. França Amado Editor, 1911.

Research for a Secure Europe. Luxembourg: Office for Official Publications of the European Communities, 2004. ISBN 92-894-6611-1.

RESENDE, Garcia de - *Crónica de Dom João II e Miscelânea*. Lisboa: Imprensa Nacional Casa da Moeda, 1973.

Reunião Mundial do Conselho das Comunidades Portuguesas 85. Porto Santo: s.n., 1985.

REUTER, Paul - *Droit International Public*. Paris: Presses Universitaires de France, 1958.

REUTER, Paul - *Institutions Internationales*. 3.ème ed., Paris: Presse Universitaires de France, 1965.

Revista de Ciência Política. Lisboa: Instituto de Estudos Políticos, 1985. ISSN 0870--3388. N.º 2.

Revista de Ciência Política. Lisboa: Instituto de Estudos Políticos, 1986. ISSN 0870--3388. N.º 2.

Revista de Economia. S.l.: s.n., 1958. Vol. XI.

Revista do Centro de Estudos Económicos. Lisboa: Instituto Nacional de Estatística, 1950. N. 11.

RIBAUD, D'André - *La Cour: Chronique du Royaume*. Paris: Julliard, 1961.

RIBEIRO, Aquilino - *Luís de Camões. Fabuloso. Verdadeiro*. 4.ª ed., Lisboa: Bertrand Editores, s.d. Vol. II.

RIBEIRO, José Sommer (coord.) - *In memoriam Ruben Andresen Leitão*. Lisboa: Imprensa Nacional-Casa da Moeda, 1981.

ROBINSON, Henry Morton - *The Cardinal*. Miami: Legendery Assets, 1969.

ROCHA, Carlos Vieira da - *Anuário da Sociedade Histórica da Independência de Portugal 1978-5 Fev.1987*. Lisboa: SHIP, 1987. (Com dedicatória do autor).

ROCHA, Carlos Vieira - *João Teixeira Pinto, uma vida dedicada ao Ultramar, prefácio de António Spínola*. Lisboa: s.e, 1971. (Com dedicatória do autor).

ROCHEFOUCAULD, La - *Réflexions ou Sentences et Maximes Morales*. Paris: Éditions Garnier Frères, 1961.

RODRIGUES, Adriano Vasco - *O Despotismo e a Igreja: Cartas régias para o Bispo da Guarda na época pombalina*. Guarda: Câmara Municipal da Guarda, 1981.

ROGERS, Francis M. - *Americans of Portuguese Descent: A lesson in differentiation*. Beverly Hills: Sage Publications, 1974.

ROGERS, Francis - *The Portuguese Heritage of John dos Passos*. Boston: Portuguese Continental Union of the United States of America, 1976.

ROLLO, Maria Fernanda - *Portugal e o Plano Marshall*. Lisboa: Editorial Estampa, 1994. ISBN 972-33-0944-0.

ROMAINS, Jules - *Mémoires de Madame Chauverel*. Paris: Flammarion, 1959. ISBN 2080505955.

ROMAINS, Jules - *Situation de la Terre*. Paris: Flammarion, 1958.

ROMEUF, Jean - *L'Entreprise dans la Vie Économique*. Paris: Presses Universitaires de France, 1964.

ROMILLY, Jacqueline – *Alcibiade*. Paris: Editions de Fallois, 1995. ISBN 2-87706-246-5.

ROSÁRIO, Frei António do (O.P.); CASTRO, Aníbal Pinto de; CAEIRO, Francisco da Gama - *IV Centenário de Frei Luís de Granada (1504-1588)*. Lisboa: Academia Portuguesa da História, 1990.

ROSAS, Fernando - *Portugal siglo XX (1890-1976) pensamiento y acción política.* Mérida: Editora Regional de Extremadura, 2004. ISBN: 84767189X.

ROSENAU, James N. - *International Politics and Foreign Policy.* New York: The Free Press, 1969.

ROSTOW, W. W. - *The Process of Economic Growth.* New York: Norton & Company, 1958.

RUDLER, Gustave; ANDERSON, Norman C. - *French Gem Dictionary. English-French: French--English.* London and Glasgow: Collins, 1962.

RUSSELL, Edward Frederick Langley - *Prisons and prisoners in Portugal.* London: Edição de autor, 1963.

RUSSELL, Bertrand - *Histoire des idées au 19ème siècle. Liberté et organisation.* 8. ème ed., Paris : Gallimard, 1951.

RUSSELL, Bertrand - *Human Society in Ethics and Politics.* New York: Simon & Unwin, 1962.

SÁ, Victor - *A Crise do Liberalismo e as primeiras ideias Socialistas em Portugal.* Lisboa: Biblioteca de Estudos sobre a Sociedade e a Cultura Portuguesa, 1969.

SAAF, Abdallah - *Le Discours Stratégique Arabe: Constantes et variation.* Lisbonne: IEEI, 1994.

SAINT IGNACE - *Lettres, traduites et commentées par Gervais Dumeige, s.j.* Paris: Desclée de Brouwer, 1959.

SALDANHA, António Vasconcelos de - *Alguns aspectos da "Questão de Macau" e o seu reflexo nas relações Luso-Chinesas no âmbito da organização das Nações Unidas,* Instituto de Macau / MNE, s.d. (Texto policopiado).

SALDANHA, António Vasconcelos de - *Colecção de Fontes Documentais para a História das Relações entre Portugal e a China.* Macau: Universidade de Macau, 1996. Vol. I.

SAMPAIO, Jorge - *Portugueses.* Lisboa: Imprensa Nacional Casa da Moeda, 1998. ISBN 972-27-0905-4. Vol. ÎI.

SAMPAIO, Jorge – *Portugueses.* Lisboa: Imprensa Nacional Casa da Moeda, 1999. ISBN 972-27-0966-6. Vol. III.

SAMPAIO, Jorge – *Portugueses.* Lisboa: Imprensa Nacional Casa da Moeda, 2000. ISBN 972-27-1011-7. Vol. IV.

SAMPAIO, Jorge – *Portugueses.* Lisboa: Imprensa Nacional Casa da Moeda, 2001, ISBN 972-27-1106-7. Vol. V.

SAMPAYO, Eduardo - *Na Volta do Caminho: Poemas.* Bogotá: Editorial Voluntad, 1963. (Com dedicatória do autor).

SAMPAYO, Luiz Teixeira - *Estudos Históricos, com prefácio e notas de Eduardo Brazão e palavras prévias de Calvet de Magalhães.* Lisboa: MNE, 1983.

SAMPAYO, Luiz Teixeira - *Estudos Históricos,* com texto introdutório de Calvet de Magalhães, Biblioteca Diplomática, Série A, Lisboa, MNE, 1984.

SAMPAYO, Luiz Teixeira - *Estudos Históricos, Prefácio e notas de Eduardo Brazão.* Lisboa: MNE, 1983.

SAMPSON, Anthony - *Anatomy of Britain Today.* London: Hodder & Stoughton, 1962.

SANCHES, A. N. Ribeiro - *Christãos Novos e Christãos Velhos em Portugal, com introdução de Raul Rêgo.* Lisboa: Edição de Raul Rêgo, 1956.

SANCHES, Francisco - *Tratados Filosóficos.* Lisboa: Instituto de Alta Cultura, 1955. Vol. I.

SANCHES, Rui - *O Aproveitamento do Rio Cunene, sua importância internacional e para o sul de Angola.* Lisboa: Laboratório Nacional de Engenharia Civil, 1999, ISBN 972-49--1820-3. (Com dedicatória do autor).

Sant'Antonio dei portoghesi in Roma. Roma: Prof. P. Maglione – Editore, 1931.

SANTISTEBAN, Gómez de - *Libro del Infante Don Pedro de Portugal, publicado segundo as mais antigas edições por Francis M. Rogers.* Lisboa: Fundação Calouste Gulbenkian, 1962.

SANTOS, Carlos Macieira Ary dos (Conde de Maceira) - *O "Marquezito" de Gouveia.* Braga: Edição de autor, 1973. (Com dedicatória do autor).

SANTOS, Isaías Gomes dos - *A expansão portuguesa mudou o futuro do mundo.* Lisboa: Edição de José Martins, 1996. ISBN 972-96739-1-8.

SANTOS, João Camilo dos - *Os Malefícios da Literatura do Amor e da Civilização. Ensaios sobre Camilo Castelo Branco.* Lisboa: Fim de Século, 1992.

SANTOS, Mariana Amélia Machado - *Ensaio de Síntese Panorâmica da Filosofia dos Portugueses no Século XVI.* Salamanca, s.e., 1972.

SANTOS, Victor Marques dos - *A Humanidade e o seu Património. Reflexões Contextuais sobre Conceptualidade Evolutiva e Dinâmica Operatória em Teoria das Relações Internacionais.* Lisboa: ISCSP, 2001. ISBN 972-9229-85-6.

SAPIM, Francisco dos Reis - *Páginas da "Liberdade".* Hong-Kong: UHAKI, 1975. (Com dedicatória do autor).

SARAIVA, António José - *Inquisição e Cristãos-Novos.* 3.ª ed., Lisboa: Editorial Inova, 1969.

SCHOLTE, Jan Aart - *Globalization: a critical introduction.* New York: St. Martin's Press, 2000. ISBN 0-312-23631-X.

SCHOPENHAUER, Arthur - *Essai sur le libre arbitre.* Paris: Editions Rivages, 1992. ISBN 2-86930-541-9.

SCHOPENHAUER, Arthur - *On the Fourfold Root of the Principle of Sufficient Reason,* 9.ª ed., Chicago: Open Court Classics, 2001. ISBN 0-87548-201-5.

SCHOPENHAUER, Arthur - *The Wisdom of Life and Other Essays.* New York: Walter J. Black, Inc., 1932.

SCHUMPETER, Joseph A. - *Capitalism, Socialism and Democracy,* 3rd, New York: Harper & Brothers Publishers, 1950.

SCITOVSKY, Tibor - *Economic Theory and Western European Integration.* London: Unwin University books, 1962.

SCHUMPETER, Joseph A. - *The Theory of Economic Development.* Cambridge: Havard University Press, 1961.

SCOTT, Sir Walter - *Quentin Durward.* Edinburgh: Adam & Charles Black, 1871.

SELDES, Georges - *The Great Quotations.* New York: A. Caesar-Stuart Book / Lyle Stuart, 1960.

SELINKO, Annemarie – *Désirée.* London: William Heinemann, 1968.

Seminário Internacional da UNESCO – Conclusões. Braga: Universidade do Minho, 1988.

SEQUEIRA, G. de Matos - *Depois do Terramoto. Subsídios dos Bairros Ocidentais de Lisboa.* Lisboa: Academia das Ciências de Lisboa, 1967. Vol. I.

SEQUEIRA, G. de Matos - *Depois do Terramoto. Subsídios dos Bairros Ocidentais de Lisboa.* Lisboa: Academia das Ciências de Lisboa, 1967. Vol. II.

SEQUEIRA, G. de Matos - *Depois do Terramoto. Subsídios dos Bairros Ocidentais de Lisboa.* Lisboa: Academia das Ciências de Lisboa, 1967. Vol. III.

SEQUEIRA, G. de Matos - *Depois do Terramoto. Subsídios dos Bairros Ocidentais de Lisboa.* Lisboa: Academia das Ciências de Lisboa, 1967. Vol. IV.

SEQUEIRA, Gustavo de Matos - *O Carmo e a Trindade. Subsídios para a História de Lisboa.* Lisboa: Publicações Culturais da Câmara Municipal de Lisboa, 1939. Vol. I.

SEQUEIRA, Gustavo de Matos - *O Carmo e a Trindade. Subsídios para a História de Lisboa.* Lisboa: Publicações Culturais da Câmara Municipal de Lisboa, 1939. Vol. II.

SEQUEIRA, Gustavo de Matos - *O Carmo e a Trindade. Subsídios para a História de Lisboa.* Lisboa: Publicações Culturais da Câmara Municipal de Lisboa, 1941. Vol. III.

SÉRGIO, António - *Antologia dos Economistas Portugueses.* Lisboa: Publicações da Biblioteca Nacional, 1924.

SERRÃO, Joaquim Veríssimo *et al.* - *No primeiro Centenário de El-Rei D. Manuel II (1889--1932).* Lisboa: Academia Portuguesa da História, 1991.

SERRÃO, Joaquim Veríssimo - *História de Portugal.* Lisboa: Verbo, 1977-1994. (12 vols).

SHAKESPEARE, William - *Macbeth/Othello.* Paris: Editions de Cluny, 1939.

SILBERT, A. - *Autour de Francisco Solano Constâncio.* S.l., s.e., 1950. (Com dedicatória autor).

SILVA, Abílio Diniz - *D. Luís da Cunha. Instruções políticas.* Lisboa: Comissão Nacional para as Comemorações dos Descobrimentos Portugueses, 2001. ISBN 972-787-062-7. (Com dedicatória do autor).

SILVA, Domingos Oliveira, (dir.) - *Perspectivas XXI: nr.*^{os} *4/5.* Castelo Maia: Publismai, 2000.

SILVA, Joaquim Ramos - *Portugal/Brasil, uma década de expansão das relações económicas, 1992-2002.* Lisboa: Terramar, 2002. ISBN 972-710-336-7. (Com dedicatória do autor).

SILVA, Jorge Cruz; CAETANO, Joaquim Oliveira - *Chafarizes de Lisboa.* Lisboa: Distri – Editora, 1991.

SIMMONS, Charles - *The Belles Lettres Papers.* New York: William Morrow, 1987. ISBN 0-688--06049-8.

SIMÕES, Veiga - *Portugal, o Ouro das Descobertas e a Criação do Estado Capitalista.* Lisboa: I Congresso da História da Expansão Portuguesa no Mundo, 5.ª Secção, 1958.

SIMON, Jeffrey - *European Security Policy After the Revolutions of 1989.* Washington: DC, The Nacional Defense University Press, 1991.

SMITH, Robert C. - *The Art of Portugal 1500-1800.* New York: Meredith Press, 1968.

SNEPP, Frank - *Decent Interval. An Insider's Account of Saigon's Indecent End Told by CIA's Chief Strategy Analyst in Vietnam.* New York: Vintage Books, 1978. ISBN 0-394-72691-X.

SOARES, Mário - *Democratização e Descolonização: Dez meses no Governo Provisório.* Lisboa: Publicações Dom Quixote, 1975.

Societá Italiana per la Organizatione Internacionale, Statuto e Regolamenti. Roma: Palazzetto di Venezia, s.d.

SOKOLSKY, Richard; JOHNSON, Stuart; LARRABEE, F. Stephen - *Persian Gulf Security Improving Allied Military Contributions.* Santa Monica: RAND, 2000. ISBN 0-8330-2910-X.

SOLJÉNITSYNE, Alexandre - *Comment réaménager notre Russie? Réflexions dans la mesure de mes forces.* Paris: Fayard, 1990. ISBN 2.213.02635.1.

SOMBART, Werner - *Les Juifs et la Vie Economique, trad. par S. Jankélévitch.* Paris: Payot, 1923.

SORMAN, Guy - *La Révolution Conservatrice Américaine.* Paris: Fayard, 1998. ISBN 9782213012964.

SORTAIS, Gaston, (S. J.) - *La Philosophie Moderne depuis de Bacon jusqu'à Leibniz.* Paris: Paul Lethielleux, Éditeur, 1920. Tomo I.

SORTAIS, Gaston (S. J.) - *La Philosophie Moderne depuis de Bacon jusqu'à Leibniz*. Paris: Paul Lethielleux, Éditeur, 1922. Tomo II.

SORTIS, Gaston - *Traité de Philosophie*. 5ème ed., Paris: P. Lethielleux, Libraire-Éditeur, 1923. Tomo I.

SORTIS, Gaston - *Traité de Philosophie*. 5ème ed., Paris: P. Lethielleux, Libraire-Éditeur, 1924. Tomo II.

Sousa Martins: In Memoriam. Lisboa: Casa da Moeda, 1904.

SOUSTELLE, Jacques - *Lettre ouverte aux victimes de la décolonisation*. Paris: Éditions Albin Michel, 1973.

SOUZA, Francisco da Silveira Vasconcellos e - *O Ministro de D. Afonso VI, 3.º Conde de Castello Melhor*. Porto: CMVNFC, 2001. (Com dedicatória do autor).

SPENCER, Lavyrle - *The Fulfillment*. New York: Haper Collins publishers, 1975. ISBN 0380978512.

SPENGLER, Joseph J. - *Économie et Population: Les Doctrines Française Avant 1800. De Budé A. Condorcet*. Paris: Presses Universitaires de France, 1954.

SPÍNOLA, António - *País sem rumo: Contributo para a História de uma Revolução*. Lisboa: SCIRE, 1978.

STENDHAL - *A Roman Journal*. London: The Orion Press Limited, 1959.

STENDHAL - *La Chartreuse de Parme*. Paris: Presses Pocket, 1989. ISBN 2-266-02892-8.

STENDHAL - *Le Rouge et Le Noir*. Paris: Librairie Armand Colin, 1958.

SWANN, Dennis - *The Economics of the Common Market,*.4.ª ed., New York: Penguin Books, 1978.

TAUNAY, Alfredo d'Escragnole - *História Administrativa e Económica do Brasil*. 3.ª ed., Rio de Janeiro: Editora Rio, 1960.

TAVARES, Carlos - *Discurso pronunciado na sessão da Sociedade de Geographia de Lisboa consagrada à Memória de Souza Martins em 20 de Novembro de 1897*. Lisboa: Manuel Gomes, Editor – Livreiro de Suas Majestades e Altezas, 1898.

TEIXEIRA, Bernardo - *Diplomatic Immunity*. Washington / New York: Robert b. Luce, 1971.

TEIXEIRA, Nuno Severiano - *O Ultimatum Inglês: Política Externa e Política Interna no Portugal de 1890*. Lisboa: Publicações Alfa, 1990.

TEIXEIRA, P. Manuel - *A Igreja em Cantão*. S.l.: Instituto Cultural de Macau, 1996. (Com dedicatória do autor).

TELO, António José - *Dos Pirinéus a Angola: A Política Militar Nacional nos Anos 50*. S. l., s.e., 1993. Separata das Actas do VI Colóquio "Portugal na História Militar".

TELO, António José - *Lourenço Marques na Política Externa Portuguesa 1875-1900*. Lisboa: Edições Cosmos, 1991. (Com dedicatória do autor).

TELO, António José - *Portugal e a NATO: o reencontro da tradição atlântica*. Lisboa: Edições Cosmos, 1996. ISBN 972-762-002-7. (Com dedicatória do autor).

TELO, António José; TORRE GÓMEZ, Hipólito de la - *Portugal y España en los sistemas internacionales contemporâneos*. Mérida: Junta de Extremadura, 2003. ISBN 84-7671--712-1.

TERESO, Nelson Carlos - *Os Princípios Básicos de Organização política de uma Comunidade Luso-Americana/The Main Principles of Political Organisation of a portuguese-American Community*. S.l.: Edição de autor, s.d.

TERRAIL, Claude, - *Ma Tour d'Argent*. Paris: Stock, 1974. ISBN 2234001005.

TERRAIL, Ponson du - *Rocambole: Les drames de Paris I / L'Héritage Mystérieux*. Monaco: Éditions du Rocher, 1963.

TERRAIL, Ponson du - *Rocambole: Les drames de Paris III / Le Club des Valets-de-Coreur / Turquoise la Pécheresse*. Monaco: Éditions du Rocher, 1964.

TERRAIL, Ponson - *Rocambole. Les drames de Paris / Le Club des valets de* cœur. Monaco: Éditions du Rocher, 1963.

Testamento Político de D. Luiz da Cunha, prefácio de Manuel Mendes. Lisboa: Seara Nova, 1943.

TEZEL, Naki - *Contes populaires Turcs*. Istanbul: Imprimerie de l'Éducation, 1953.

THAYER, Charles W. - *Diplomat, foreword by Sir Harold Nicolson*. Westport, Connecticut: Greenwood Press, Publishers, 1959. ISBN 0-8371-7570-4.

THEMIDO, João Hall - *Dez Anos em Washington 1971-1981*. Lisboa: Publicações Dom Quixote, 1995. ISBN 972-20-1262-2.

THOMAS, Gordon; MORGAN-WITTS, Max – *Pontiff*. New York: New American Library, 1984.

THOMAS, Hugh - *The Slave Trade. The History of the Atlantic slave Trade: 1440-1870*. New York: Papermac, 1997. ISBN 033731476.

THOMPSON, Kenneth W. (ed.) - *Revolutions in Eastern Europe and U.S.S.R. Promises vs. Pratical Morality*. Boston: University Press of American, 1995. ISBN 0-7618-0049-2.

THOMPSON, Robert Smith - *The Missiles of October: The declassified Story of John F. Kennedy and Cuban missile crisis*. New York: Simon & Schuster, 1992. ISBN 0671-76806-9.

THUCYDIDES - *History of the Peloponnesian War Books I and II, with an English translation by Charles Forster Smith*. London: William Heinemann, 1969. Vol. I.

THUCYDIDES - *History of the Peloponnesian War Books III and IV, with an English translation by Charles Forster Smith*. London: William Heinemann LTD, 1965. Vol. II.

THUCYDIDES - *History of the Peloponnesian War Books V and VI, with an English translation by Charles Forster Smith*. London: William Heinemann LTD, 1965. Vol. III.

THUCYDIDES - *History of the Peloponnesian War Books VII and VIII, with an English translation by Charles Forster Smith*. London: William Heinemann LTD, 1976. ISBN 0 434 99169 4. Vol. IV.

TINOCO, Luís - *Quarteto de Cordas*. Cascais: CMC, 1995. ISBN 972-637-040-X.

TORRE GÓMEZ, Hipólito de la - *El império del Rey. Alfonso XIII, Portugal y los ingleses (1907-1916)*. Mérida: Junta de Extremadura/Gabinete de Iniciativas Transfronterizas/ Consejería de Cultura, 2002. ISBN 84-7671-662-1.

TORRE GÓMEZ, Hipólito de la; TELO, António José (coords) - *La mirada del otro. Percepciones luso-españolas desde la historia*. Mérida: Junta de Extremadura, 2002. ISBN 84-7671-661-3.

TORRE GÓMEZ, Hipólito de la, (coord.) - *Portugal, España: Cien años de desafio (1890-1990)*. Madrid: Universidad Nacional de Educacion a Distancia, 1991. ISBN 84-362-2602-X.

TORRES, José Garrido - *Trópico e Desenvolvimento, com apresentação de Arthur Cézar Ferreira Reis*. Manus: Governo do Estado do Amazonas, 1966.

TOYNBEE, Arnold J. - *La civilisation à l'épreuve*. 9ème ed., Paris: Gallimard, 1951.

TOYNBEE, Arnold Joseph - *Change and Habit: The Challenge of Our Time*. Oxford: Oxford University Press, 1966.

TOYNBEE, Arnold - *The Industrial Revolution*. Boston: The Beacon Press, 1960.

TRAPP, J.B.; HOLLANDER, John; KERMODE, Frank; FRICE, Martin - *The Oxford Anthology of English Literature*. New York: Oxford University Press, 1973. Vol.I.

Tratado da União Europeia: Maastricht 1992. Lisboa: Edições Cosmos, 1992. ISBN 972-9170-76-2.

Tratado da União Europeia. Tratado que institui a Comunidade Europeia. Luxemburgo: Serviço das Publicações Oficiais das Comunidades Europeias, 1993. ISBN 92-826-7056-2.

Tratado de Amesterdão – Textos comparados do Tratado da União Europeia e do Tratado que institui a Comunidade Europeia com as suas versões consolidadas, incluindo as alterações introduzidas pelo Tratado de Amesterdão. Lisboa: Biblioteca da Assembleia da República, 1998. ISBN 972-556-234-8.

Tratado de Amesterdão. Luxemburgo: Serviço das Publicações Oficiais das Comunidades Europeias, 1997. ISBN 92-828-1656-7.

Tratado de Roma. Institui a Comunidade Económica Europeia – CEE. Lisboa: Vida Económica, 1991.

TREVELYAN, Humphrey - *Diplomatic Channels.* London: Macmillian London, 1973. SBN 333 15188 7.

TRIGUEIROS, Luís Forjaz - *Paisagens portuguesas. Uma viagem literária.* 2.ª ed., Rio de Janeiro: Editora Nova Fronteira, 1985.

TRINDADE, Maria Beatriz Rocha; ARROTEIA, Jorge - *Bibliografia da Emigração Portuguesa.* Lisboa: Instituto Português de Ensino à Distância, 1984.

TRUMAN, Margaret - *Where the Buck Stops: The Personal and Private Writings of Harry S. Truman.* New York: Warner Books, 1990. ISBN 0-446-39175-1.

Turf-Club. Lisboa: Sociedade do Apuramento das Raças Cavalares, 1999.

Turf-Club. Lisboa: Sociedade do Apuramento das Raças Cavalares, 1994-1998. Tomo II.

UE – Ano 2000: Perspectivas para a Presidência Portuguesa. Lisboa: IDI-MNE, 1999, ISBN 972-97416-1-1.

ULLMANN, Linn - *Antes de Adormeceres.* Lisboa: Teorema, 2000. ISBN 972-695-397-9.

USQUE, Samuel - *Consolaçam às Tribulaçoens de Israel, com revisão e prefácio de Mendes dos Remédios.* Coimbra: França Amado Editor, 1906.

VAIZEY, John - *The Costs of Education, foreword by R.M. Titmuss.* London: George Allen & Unwin, 1958.

VALENTE, Vasco Pulido – *Glória.* Lisboa: Gótica, 2001. ISBN 972-792-010-1.

VALENTE, Vasco Pulido - *Os Devoristas: A revolução liberal 1834-1836.* 2.ª edição, Lisboa: Quetzal Editores, 1993.

VALÉRIO, Nuno (org.) - *Ruy Teixeira Guerra.* Lisboa: Edições Cosmos, 2000. ISBN 976-762-197-X.

VALIERE, Pierre - *Le Voyage de Magellan. Raconté par un homme qui fut en sa compagnie.* Paris: Centro Cultural Português / Fundação Calouste Gulbenkian, 1976.

VARÈ, Daniele - *Laughing Diplomat.* S.l.: J. Murray, 1953.

VARÈ, Daniele - *Twilight of Kings.* London: John Murray, 1948.

VASCONCELOS, Álvaro de (coord.) - *Portugal no Centro da Europa. Proposta para uma reforma democrática do Tratado da União Europeia.* Lisboa: Quetzal Editores, 1995. ISBN 972-564-224-4.

VELLOSO, Queiroz - *D. Sebastião, 1554-1578.* 3.ª ed., Lisboa: Empresa Nacional de Portugal, 1945.

VELLOSO, Queiroz - *O Reinado do Cardeal D. Henrique: A perda da independência.* Lisboa: Empresa Nacional de Publicidade, 1946. Vol. I.

VENÂNCIO, Moisés - *The United Nations, Peace and Transition: Lessons from Angola*. Lisbon: IEEI, 1994.

VERÍSSIMO, Eurico - *Gato Preto em Campo de Neve*. Lisboa: Livros do Brasil, s.d.

VERNEY, Luís António - *Verdadeiro Método de Estudar*. Lisboa: Livraria Sá da Costa, 1952. Vol. I.

VERNEY, Luís António - *Verdadeiro Método de Estudar*. Lisboa: Livraria Sá da Costa, 1950. Vol. II.

VERNEY, Luís António - *Verdadeiro Método de Estudar*. Lisboa: Livraria Sá da Costa, 1950. Vol. III.

VERNEY, Luís António - *Verdadeiro Método de Estudar*. Lisboa: Livraria Sá da Costa, 1952. Vol. IV.

VERNEY, Luís António - *Verdadeiro Método de Estudar*. Lisboa: Livraria Sá da Costa, 1952. Vol. V.

VERNIOLLES, M. l'Abbé J. - *Cours Élémentaire de Rhétorique et d'Éloquence*. Paris: Librarie Delagrave, 1932.

VERTOT, M. L'Abbé - *Révolutions de Portugal*. Paris: S. e., 1758.

VIEIRA, P.ᵉ António - *Cartas (I)*. Lisboa: Livraria Sá da Costa, 1952. Vol. I.

VIEIRA, P.ᵉ António - *Cartas (II)*. Lisboa: Livraria Sá da Costa, 1951. Vol. II.

VIEIRA, P.ᵉ António - *História do Futuro (I)*. Lisboa: Livraria Sá da Costa, 1953. Vol. VIII.

VIEIRA, P.ᵉ António - *História do Futuro (II)*. Lisboa: Livraria Sá da Costa, 1953. Vol. IX.

VIEIRA, P.ᵉ António - *Obras Várias (I)*. Lisboa: Livraria Sá da Costa, 1951. Vol. III.

VIEIRA, P.ᵉ António - *Obras Várias (III)*. Lisboa: Livraria Sá da Costa, 1951. Vol. V.

VIEIRA, P.ᵉ António - *Obras Várias (V)*. Lisboa: Livraria Sá da Costa, 1953. Vol. VII.

VIEIRA, P.ᵉ António - *Obras Várias (VI)*. Lisboa: Livraria Sá da Costa, 1952. Vol. VI.

VIEIRA, P.ᵉ António - *Sermões (I)*. Lisboa: Livraria Sá da Costa, 1954. Vol. X.

VIEIRA, P.ᵉ António - *Sermões (II)*. Lisboa: Livraria Sá da Costa, 1954. Vol. XI.

VIEIRA, P.ᵉ António - *Sermões (III)*. Lisboa: Livraria Sá da Costa, 1954. Vol. XII.

VILLIERS, John - *East of Malaca*. Bangkok: Calouste Gulbenkian Foundation, 1985.

VIMIOSO, Conde de - *Sentenças de D. Francisco de Portugal, com revisão e prefácio de Mendes dos Remédios*. Coimbra: França Amado Editor, 1905.

Vinte Anos de Defesa do Estado Português da Índia (1947-1967). Lisboa: MNE, 1968. Vol. I.

Vinte Anos de Defesa do Estado Português da Índia (1947-1967). Lisboa: MNE, 1967. Vol. II.

Vinte Anos de Defesa do Estado Português da Índia (1947-1967). Lisboa: MNE, 1968. Vol.III.

Vinte Anos de Defesa do Estado Português da Índia (1947-1967). Lisboa: MNE, 1968. Vol. IV.

Visite de la Basilique Patriarcale de Saint-Pierre du Vatican offerte par la Secrétairerie d'Etat au Corps Diplomatique accrédité près le Saint-Siège. Saint-Siège: S.e., 1976.

VITA, Silvano Dell - *La Pieve di San Pietro a Gropina*. S.l.: s.e., 1979.

VOINOVICH, Vladimir - *Pretender to the Throne*. New York: Farrar Straus and Giroux, 1981. ISBN 9780374237158.

WAGNER, Richard - *Beethoven, trad. Jean-Louis Crémieux*. 8.ª ed., Paris: Gallimard, 1937.

WALLACH, Lori; SFORZA, Michelle - *The WTO: Five Years of Reasons to Resist Corporate Globalization*. New York: Seven Stories Press, 1999. ISBN 1-58322-035-6.

WALSH, Elsa - *Divided lives: the public and private struggles of three american women*. New York: Anchor Books, 1996. ISBN 978-0-385-48447-3.

WARD, W.E.F. - *The Royal Navy and the Slaves*. London: George Allen and Unwin, 1969.

WEBER, Max - *The Protestant Ethic and the Spirit of Capitalism*. London: George Allen & Unwin, 1974.

WEBSTER, A. Merrian - *Webster's Collegiate Dictionary*. Springfield: G.& C. Merriam, Publishers, 1947.

WEIDENFELD, Werner - *Europe and the Middle East*. Gütersloh: Bertelsmann Foundation Publishers, 1995. ISBN 3-89204-183-0.

WEIDENFELD, Werner, (hrg.) - *Europa: Handbuch: Band 1: Die Europäische Union: Politischers System und Politikbereiche. Band 2: Die Staatnwelt Europas: 2 Bde*. Bonn: Bundeszentrale für politische Bildung, 2002. ISBN 3-89331-435-0.

WILDER, Thornton - *The Ides of March*. New York: Harper & Brothers Publishers, 1948.

WILLIAMSON, Hugh Ross - *Sixty Saints of Christmas*. London: George G. Harrap, 1960.

WILSON, Robert - *A Small Death in Lisbon*. New York: Harcourt, 1999. ISBN 0-25-200609-2.

WITTE, CH. M. DE (O.S.B.) - *Aux origines de la 'Congrégation' indienne de l'Ordre des Frères Prêcheurs (1546-1580)*. S.l.: Archivum Fratrum Praedicatorum, 1966.

WITTE, Charles-Martial - *Documents Anciens des Archives du Chapitre D'Angra,* Separata de *Lvsitania Sacra*. Lisboa: S.e., 1972. Tomo IX.

WOODWARD, Bob - *The Agenda*. London: Simon & Schuster, 1994. ISBN 0-671-85459-3.

WOODWARD, Bob.; BERNSTEIN, Carl - *The final days*. New York: Simon and Schuster, 1976. ISBN 0-671-22298-8.

WST, Morris L. - *The Ambassador*. New York: William Morrow, 1965.

WU, John C. H. - *La Goia Nella Filosofia Cinese*. Roma: Edizioni Mediterranee, 1977.

WYND, Oswald - *The Ginger Tree*. New York: Haper Perennial, 1990. ISBN 0-06-097332-3.

XAVIER, Alberto Pinheiro - *As desigualdades internacionais e a integração económica*. Lisboa: UL, 1970. (Com dedicatória do autor).

XAVIER, Alberto - *Memórias da Vida Pública*. Lisboa: Livraria Férin, 1950.

XAVIER, Leonor - *Contributo para a História dos portugueses no Brasil*. Lisboa: Secretaria de Estado da Emigração/Instituto de Apoio à Emigração e as Comunidades Portuguesas, 1985.

Yearbook of International Organizations. 17.ª ed., Brussels: Union of International Associations, 1978. ISBN 92-834-1241-9.

YOUNG, G. F. - *The Medici*. New York: The Morden Library, 1930.

ZIEGBER, Philip - *King Edward VIII: A Biography*. New York: Alfred A. Knopf, 1991. ISBN 0-394-577-032.

ZOLA, Émile – *Nana*. 24.ª ed., Paris: G. Charpentier Éditeur, 1880.

ZORGBIBE, Charles - *Les Relations Internationales*. 2ª edição, Paris: Presses Universitaires de France, 1975. ISBN 2 13 035710 5.

ZWEIG, Stefan - *Balzac, Trad.Willian and Dorothy Rose*. New York: The Viking Press, 1946.

www.ingramcontent.com/pod-product-compliance
Lightning Source LLC
Chambersburg PA
CBHW052104270326
41931CB00012B/2875